GEORG CHRISTOPH LICHTENBERG

SENDSCHREIBEN DER ERDE AN DEN MOND

Georg Christoph Lichtenberg

SENDSCHREIBEN DER ERDE AN DEN MOND

Mit Illustrationen von Stefanie Roth
und einem Nachwort von Petra Wägenbaur

Edition Büchergilde

INHALTSVERZEICHNIS

GNÄDIGSTES SENDSCHREIBEN DER ERDE AN DEN MOND

Unsern freundlichen Gruß zuvor,
sonst lieber getreuer u. s. w.

Es wird Euch hoffentlich nicht befremden, daß Wir dieses Mal Unserer Gewohnheit, in Unserer uns angestammten, lieben Muttersprache, nämlich dem Hebräischen, mit Euch zu konferieren, entsagen und deutsch schreiben. Wir haben dieses für dienlich erachtet, teils, weil die Sache, die Wir Euch zu kommunizieren haben, nicht sowohl kosmisch und universal als vielmehr literarisch und partikular ist; teils auch, weil sie besonders Unsere vielgeliebten Deutschen angeht, über deren Angelegenheiten, seit ihrer Verfeinerung, es sich so wenig hebräisch denken und schreiben läßt als über Unsere und Eure Marschroute um die Sonne in der Sprache Meiner unerzogenen Yameos, die nicht auf drei zählen können.

Es kann, oder sollte wenigstens Euch, als Unserm Nachbarn und Vasallen, nicht unvergessen sein, was maßen Wir seit Unserer Thronbesteigung und glorreichen Regierung Euch beständig mit Gnadenbezeugungen überhäuft haben, wogegen Eure Uns zwar pünktlich geleistete, aber immer an sich unbeträchtlichen Dienste keineswegs gerechnet werden mögen. Kraft des Euch zugeflossenen Dekrets sub dato den ersten Jänner anno 1 A. C. N. haben Wir Euch zu unserm Reichsgroßlaternenträger und ersten Leibtrabanten allergnädigst bestellt, und Ihr habt, was das Letztere anbetrifft, Euch so verhalten, daß Wir gnädigst eingestehen, Wir würden Uns höchsten Orts einer gnädigen Lüge schuldig machen, wenn Wir sagten, Ihr seid darin untreu verfahren, maßen Uns Ihr auch nicht ein einziges Mal den Rücken gewandt. Inbetreff aber des Reichsgroßlaternenträgeramtes sei es Euch huldreichst unverhohlen, daß Ihr dasselbe gleich anfangs in Meinen besten Staaten ziemlich ökonomisch (um Uns jetzt aller minder huldreichen Ausdrückungen zu entheben) verwaltet und Euer Licht oft verlöschen lassen, wenn es am nötigsten war, und dadurch nicht selten Anlaß zu allerlei Konfusionen und allemal ein böses Exempel gegeben habt. In Eurem Archiv wird sich noch ein deshalb an Euch in dem ersten Jahre Unserer Regierung ergangenes gnädigstes Monitorium befinden, worin Wir Euch ein solches in gnädigst derben Ausdrücken verwiesen. Als Ihr aber augenscheinlich den Starrkopf und gewissermaßen den Mann nach der Uhr zu machen anfingt, so haben Wir huldreichst nach reiflicher Überlegung und in Rücksicht auf Euren anderweitigen Diensteifer nachgegeben und in Unsern Hauptstädten Gassenlaternen anzulegen geruhet. Allein hiermit ist dem Übel, der großen Kosten ungeachtet, noch gar nicht gesteuert. Denn leider folgen eben diese Gassenlaternen jetzt nur zu oft Eurem leidigen Beispiele und haben Neulicht, wenn sie entweder volles haben oder doch im letzten Viertel sein sollten. Und was Wunder? Wenn das große Reichsnachtlicht es so macht, was soll man von den Reichsnachtlichterchen sagen? Sollen Wir sie etwa beständig jahraus jahrein brennen lassen? Da kostete Uns die Finsternis mehr als das Licht. Oder soll Ich studierte Lampenwärter halten, die dieselben nach den Epakten und photometrischen Grundsätzen anstecken? Oder den Astronomen, die nunmehr um die profitable Astrologie gekommen sind, etwa dafür den profitabeln Gassenlaternenpacht übertragen? Was? -- Weiter. Wir suchten Euch durch Güte zu gewinnen und übertrugen Euch die Aufsicht über Unsern großen Salzwasservorrat und dessen täglich etlichemal nötige Rüttel und Schüttelung, und überdas noch in Unserm höchsten Wind und Wetterkollegio Sitz und Stimme. Ja, Ihr erhieltet bereits vor ziemlicher Zeit eine Ehre,

worüber Euch selbst alle Sonnenheere beneiden könnten, nämlich mit Zuziehung der Sonne die Zeit des Osterfestes zu bestimmen. Ob Wir nun gleich fürs erste Euch in dem Besitze derselben zu lassen gedenken, so können Wir doch gnädigst nicht ganz in Abrede sein, daß Uns jener Schritt, wegen der sonderbaren Art, womit Ihr Euch dabei betragen habt, in etwas nachgerade zu gereuen anfängt. Sagt, wart Ihr, Starrkopf, nicht Ursache, daß Meine gescheitesten Kinder, ich meine die Christen, einander fast auf eine recht unchristliche Weise sich darüber in die Haare geraten wären?* Und hätten Meine lieben Protestanten, die noch dazu recht hatten, nicht nachgegeben, so hätten in den gemischten Städten die doppelten Ostern und Pfingsten natürlich auch doppelte dritte Feiertagsandachten auf den Wirtshäusern und Krügen nach sich gezogen. Hieraus wären natürlich doppelte gelehrte Dispute zwischen Fleischer-, Schuh-, Müller- und andern Knechten entstanden, woraus denn notwendig ein reziprokes Satyrisieren, Prügeln und Moreslehren gefolgt sein würde, erst mit dem Stuhlbeine und der Faust, dann mit der Flinte und dem Zeigefinger. Ja man hätte, wie es gewöhnlich geht, die Sache endlich wohl gar aufs große Spiel gesetzt und, um zu sehen, wer Recht hätte, mit 24 Pfündern nach Regimentern gekegelt, und so hätten leicht 100 000 meiner Kinder in die Grube fahren können, um was auszumachen? – – die Zeit, wann ihr Erlöser aus derselben auferstanden ist.
Seht, solche Sachen macht Ihr. Allein dem Himmel sei tausend-

* Auf dem Reichstage von 1582 hatten die katholischen Reichsstände den gregorianischen Kalender angenommen, den die protestantischen zurückwiesen. Im September 1699 faßte jedoch das evangelische Corpus in Regensburg einstimmig einen Beschluß, der die bis dahin bestandene Differenz durch Einführung eines verbesserten gregorianischen Kalenders vom Jahre 1700 an aufhob. Nur bei Bestimmung des Osterfestes folgten die Protestanten einer von der gregorianischen abweichenden richtigeren Berechnung, so daß die Osterfeier beider Teile noch von Zeit zu Zeit um 8 Tage voneinander abwich. Erst 1770 wurde, durch Annahme eines durchgängig gleichen Reichskalenders, auch dieser Unterschied entfernt. (Original-Anmerkung Lichtenbergs.)

fältiger Dank, dieses hat nun nichts mehr zu bedeuten. Aber glaubt ja nicht, daß damit Euer Osterunfug ganz gehoben ist; Ihr reguliert die Messen der Kaufleute, und weil die Gelehrten unter den Kaufleuten stehen, so zerfallen daher die *semestria academica* öfters in zwei so unbrüderliche Hälften, daß man glauben sollte, ein Kaufmann hätte sie zwischen sich und einem Gelehrten geteilt. Sie verhalten sich nämlich fast wie 5 zu 7 und sind also wirklich in dem Falle der beiden algebraischen Schäferinnen, deren eine noch ein Schaf von der andern verlangte, um noch einmal so viel zu haben als sie, da es doch vernünftiger gewesen wäre, sie hätte jener eins gegeben, so hätten sie beide gleich viel gehabt. Durch diese ungerechte Teilung geschieht es dann, daß z. B. die Pandekten, die ohnehin schon doppelte Zeit fressen, endlich, wenn es mit ihnen zu Ende geht, gleichsam als fräße der Tod aus ihnen, dreifache, ja vierfache Portion verlangen und den gutherzigen mathematicis und philosophicis, quasi παν δεχόμεναι, alles vor dem Munde wegnehmen. Der es dann kommt, daß selbst das Studium des Rechts (von der Ausübung wollen Wir gar nicht einmal reden), schon mit Unrechttun anhebt; diese digesta in allen andern Dingen indigestionen nach sich ziehen, ihr subtiles Babel über das ganze Leben verbreiten; das Sprichwort daher wohl recht hat:
summum jus summa injuria.

Dessen ungeachtet ließen Wir mit Unsern Gnadenbezeugungen nicht nach und erhoben Euch von einer Ehrenstelle zur andern. Erst neuerlich haben wir Euch, wie Ihr wißt, zum Wegweiser für die Schiffe bestellt und, da Ihr Euch in der neuen Charge ziemlich gut betruget, Euer fürwahr nicht sehr reizendes Warzengesicht von Unserm nunmehr verstorbenen ersten Hofmaler, Tobias Mayer, malen und nachher in Kupfer stechen lassen, welches Bild Euch gleicht wie ein Tropfen Wasser dem andern. Ja, lange vor dem *Quinquennio physiognomico* haben Wir, so oft Ihr Euren Schatten auf Uns warft, Eure Silhouette auffangen und zeichnen lassen, welches in der Tat viel ist, da Wir nicht glauben, daß Ihr der Unsrigen, ob Wir Euch gleich öfter dazu sitzen, eine solche Ehre habt angedeihen lassen.

Ferner haben Wir Euch einige Ehrenbezeugungen, worüber in Uns, wenn Wir wären wie andere, ein höchster Neid hätte entstehen mögen, gern gegönnt, nämlich daß Euch einige Unserer ungezogenen Kinder göttliche Ehre erweisen und Euch anbeten wie die Sonne, während als Wir, ihrer aller Mutter, Unsern gnädigen Rücken zum Knieschemel hergeben. Wir tun dieses den guten Kleinen zu Liebe und hoffen, sie werden es ohnehin lassen, wenn sie älter werden und an Verstand zunehmen. Man hat sogar nach Eurer Gassenlaterne Jahre geordnet, welches Wir Euch um so weniger mißgönnen, als es von Leuten geschieht, die Euch heutzutage wenig Ehre mehr bringen. Auch hat man Euer Wappen zum Zeichen des zweitedelsten Metalls, Wir meinen des Silbers, genommen, während als man das Unsrige zur Bezeichnung des unedlen Antimonii gebraucht.

So klein aber auch diese Umstände an sich scheinen mögen und müssen, so haben sie doch vermutlich nicht wenig dazu beigetragen, Euren stolzen Sinn noch mehr zu heben und Euch glauben zu machen, Ihr seid selbst eine Sonne, in allen Stücken ihren beständigen Affen zu spielen und Euch Dinge in den Kopf zu setzen, die für Euch viel zu hoch sind, und die Wir daher, ohne Uns vor allen Planeten lächerlich zu machen, unmöglich ungeahndet lassen können.

Dahin rechnen wir einmal, daß Ihr Euch mit unerhörter Verwegenheit, ja frevelhafter Frechheit, habt beigehen lassen, Euch in Unsere, und namentlich die deutsche Literatur zu mischen und gleichsam als ein zweiter Phöbus Dichter zu begeistern, Oden zu singen, Trauerspiele fertigen zu lassen, Romane zu inspirieren und damit der Sonne nicht wenige der edelsten Seelen abwendig zu machen. Für das zweite werdet Ihr nicht leugnen können, daß Ihr, um hierin sicherer zu gehen, bei Meinen guten Deutschen recht hinterlistiger Weise Euch einen Mannsnamen erschlichen und Euch, gegen den Gebrauch aller Völker, nunmehr öffentlich Der von ihnen titulieren laßt, ja es sogar dahin gebracht habt, die Leute glauben zu machen, unter Euch beiden sei die Sonne die Frau, da es doch jeder männiglich bekannt, daß Ihr nichts seid als ein bloßes Weib. Schrieben Wir in einer andern Sprache an Euch, so wollten Wir Euch dieses deutlich zeigen, da Wir aber einmal deutsch schreiben, so wollten Wir fürwahr lieber Herr Jäsus und gebena, stehena schreiben als die Monde und der Sonn.

Drittens sagt, habt Ihr nicht, bloß weil sich die Sonne in Frankreich einen Stil eingeführt, den man dort nach ihr Phébus nennt, aus Nachäffung auch einen in Deutschland zu erschleichen gesucht, den man Laune nennt? Ihr getraut zwar nicht wie die Sonne, denselben schlechtweg nach Euerm Namen Lune oder Luna zu nennen, aber daß das Ganze Euer Werk ist, sieht man gleich aus dem Lunatischen (so müßt Ihr sprechen, guter Freund), das darinnen herrscht. Aber glaubt mir nur, Phébus ist Schwulst und Lune ist Dörrsucht. Da Wir Euch einen Einfluß auf die Lunigten, die sogenannten Mondsüchtigen, allerdings verstattet haben, dürft Ihr deswegen gleich Dichter und Philosophen aus ihnen machen? In Unserm Kontrakte steht kein Wort von einer gelehrten Bank im Tollhause.

Rechnet Ihr etwa darauf , daß Euch einige neuere deutsche Dichter von der verliebten Bank bei nächtlicher Weile anbeten? Mein lieber Mond, laßt Euch durch dieses affektierte Gewinsel dieser warmen Seelen nicht blenden, sie tun es nicht aus Empfindung, sondern bloß, weil es die wärmern Ausländer vor ihnen getan haben. Ihre Ausdrücke sind, wie die der meisten ihrer Brüder, von außerhalb eingeführt und kein einheimisches Produkt; sobald ihnen dieses genommen wird, so können sie so wenig Gedanken und Ausdrücke liefern als ihre Acker Pomeranzen oder Gewürz. Was Unsere Deutschen von Herzen sprechen, gleicht ihrem Rheinwein und Pumpernickel, gesund und derb, aber nicht süß.

Wären ihnen solche Prosopopöien natürlich, sie würden sie mehr abändern. Die wahre Empfindung findet immer ihren eigenen Weg, und trifft sie je eine bereits gebahnte, so geschieht es selten ohne eine neue Bezeichnung. Und daß sich irgend jemand bei Euch an seine entfernte Geliebte erinnerte, ist denn das so was Außerordentliches? Wir können Euch gnädigst versichern, daß man Uns gesagt hat, jede alte Kirchspitze, wobei das Mädchen lebt, oder von welcher man nur eine andere sehen kann, bei der es lebt, reflektiert ihr entferntes Bild weit herzlicher in die Seele als Euer kahles, kaltes Allerweltsgesicht. Auch sind die Verliebten, die Euch auf diese Weise anbeten, gar nicht sonderlich beim eigentlichen Frauenzimmer geachtet; sie lesen das affektierte Gewinsel wohl, aber im Herzen unterscheiden sie sehr richtig, um Uns eines bergmännischen Ausdrucks zu bedienen, zwischen dem Amanten von der Feder und dem Amanten vom Leder. Ihr sucht, wie Diogenes, mit Eurer Laterne Weisen und denkt sie gefunden zu haben. Aber glaubt Uns auf Unser Wort, was Euch so stille hält, sind bloß ein paar Lerchen und ein paar Hasen, die Ihr zum Gebrauch derjenigen blendet, die dieselben zu speisen belieben. Ferner verrät es in Euch einen, Wir wollen nicht sagen verdrießlichen, Grad von Ignoranz, aber doch von unbändigem Hochmute, daß Ihr Euch habt beigehen lassen zu glauben, weil Ihr etwa Anlaß zu den 12 himmlischen Zeichen gegeben und hier und da die 12 Stücke einer Monatsschrift, ein paar Kopfsteuern und französische Stunden dirigiert, Ihr seid schlechtweg der Erfinder und Schutzpatron alles, was nach Dutzenden, kleinen Brüchen von Dutzenden oder multiplis derselben geht. Sagt mir ums Himmelswillen, was habt Ihr mit den zwölf Stämmen Israels zu tun, mit den zwölf Leuchtern in der Offenbarung Johannis, mit den zwölf Kaisern im ersten Säculo, mit den zwölf Aposteln, mit den zwölf kleinen Propheten, mit den zwölf Arbeiten des Hercules, mit den zwölf Zollen im Fuß und mit dem beliebten Duodez und unsern zwölf Piecen im Taler und zwölf Pfennigen im guten Groschen? Was? Habt Ihr auf diese

auch ein Recht? Fürwahr, niemand als eine solche eingebildete abhängige Duodezsonne wie Ihr kann sich solche Torheiten einfallen lassen. Und doch gründet sich, wie Wir von guter Hand wissen, auf diese Eure schnöde Einbildung der bittere Haß, den Ihr gegen das Göttingische Magazin traget; weil sich dasselbe gar nicht nach Eurem lächerlichen Dutzendsysteme richtet und bald herauskommt, wann Ihr wacht, und bald, wann Ihr schlaft. Gesteht Uns nur frei heraus, seid Ihr es nicht, der einigen Leuten eingegeben zu sagen, es sei nicht so unterhaltend als andere Monatsschriften (warum nicht lieber schlechtweg Mondsschriften); es sei keine Abwechslung darin und überhaupt viel zu gelehrt, und außerdem schrieben die Herausgeber die göttingischen Kommentarien aus und ließen, was das Ärgste wäre, auf diese Weise nicht bloß den Leser, sondern den Verleger doppelt bezahlen.
Seht, lieber Mond, wärt Ihr nicht unser alter treuer Vasall und Freund vom Hause, so würden Wir in irdisch-angestammter Huld nicht ermangeln, Euch zu erkennen zu geben, was maßen Uns höchsten Orts allmählich bange zu werden anfange, daß Euch über der langen Aufsicht über die Unklugen allmählich selbst der Kopf etwas zu schweben und Euer kleiner Ideenvorrat auf eine seltsame Weise aus und durcheinander zu gehen anfangen möge. Wir wollen aber indessen gnädigst hoffen und wünschen, daß so etwas nicht statt habe und Euer Urteil bloß deswegen seltsam aussehe, weil es das Urteil eines Laternenträgers ist, der in der Literatur leuchten will, welches Ihr sodann, Eurer eigenen Ehre wegen, künftig unterlassen werdet.
Wir bekümmern Uns zwar höchsten Orts überhaupt wenig um Magazine und Monatsschriften und legen nur dann und wann einen Aufsatz aus denselben zum Gebrauch Unserer künftigen getreuen Untertanen in Unserm Reichsarchiv bei, aber daß ungünstige Urteile den Unschuldigen und günstige den Schuldigen treffen, können Wir unmöglich ganz ungeahndet hingehen lassen. Was erstlich die geringere Unterhaltung betrifft, die Ihr und Eure

Schutzgenossen in besagtem Magazine gefunden haben wollen, so hättet Ihr bedenken müssen, daß dieses nicht sowohl dem Herausgeber als vielmehr Euch selbst beizumessen sei. Hättet Ihr mehr gelernt, so würdet Ihr mehr Unterhaltung in Büchern überhaupt finden. Denn daß Euch Märchen, poetische Prose, Hexameter mit erstimuliertem Nationalstolz und Verachtung der Ausländer, mehr aus Nachahmung als Überzeugung, so sehr behagen, rührt daher, weil Ihr sie versteht, und man sie zu verstehen und zu schreiben, wie unser lieber Liscow sagt, nichts nötig hat, als seinen Kopf geradezu zwischen die Beine zu stecken und sich seiner eigenen Schwere zu überlassen.

Angehend die Abwechslung, so könnt Ihr nicht leugnen, daß Abwechslung sattsam in demselben stattfinde, so lange Ihr Mannigfaltigkeit der Aufsätze darunter versteht. Versteht Ihr aber eine Eurem ersten, zweiten und dritten Vierteil ähnliche darunter, das heißt erst ein volles Stück und dann hinterdrein dasselbe wieder in 29 Stücken, immer schwächer und immer kleiner, so bewahre der gütige Himmel das Magazin vor allem Wechsel. Allein schämen solltet Ihr Euch, die Jahre der magern Kühe in der deutschen Literatur noch völlig zu verderben und als ein alter Graukopf mit Eurem Einfluß dem Geschmack von Knaben Gewicht zu geben und Possen zu empfehlen, die man allein bei der Dose von schöngeisterischer Ignoranz, die sie gemeiniglich besitzen, erträglich finden kann. Glaubt Uns aber nur, Euer Anhang mag zwar Vergnügen an Werken der Ausländer finden, so lange er will; aber daß diese Ausländer Vergnügen an dem ihrigen finden, wird nicht eher geschehen, bis demselben auch Schriften Unterhaltung gewähren, die jedem reimenden, empfindsamen Tropf schlechterdings unverständlich sind. Sie müssen nicht das Werk, sondern dem Meister nachzuahmen suchen, wenn sie selbst nachgeahmt sein wollen, versteht Ihr wohl? Horazische Oden sind uns ein Greuel, wenn sie nicht aus einem Kopfe und einem Herzen stammen, aus denen horazische Briefe hätten stammen können.

Betreffend aber das Ausschreiben der göttingischen Kommentarien, so können Wir gnädigst nicht bergen, daß Wir gern wissen möchten, erstlich wodurch Ihr zu diesem sonderbaren Gedanken verleitet worden seid, und dann zweitens, wenn Ihr selbst darauf gekommen, zu welcher Stunde des Tages solches geschehen, maßen Wir überzeugt sind, daß eine kurze Nachricht hierüber zugleich die kräftigste Widerlegung Eures Gedankens und die Ursachen enthalten müßte, warum Wir jetzo ein Mehreres davon nicht sagen mögen.
Schließlich wollen Wir Euch aber hiermit ernstlich, wiewohl freundlichst, ermahnt haben, fernerhin bei Euerem Leisten zu bleiben und Euch aller dankverdienerischer Geschäftigkeit in Geniesachen gänzlich zu enthalten und den Originalköpfen unter Eurem Kommando nicht allein den Gebrauch der Messer, wie bisher, sondern auch der Federn künftig schlechtweg zu versagen.
Wir sind Euch in Gnaden wohlgewogen.
Gegeben im Krebs, den 24. Dezember 1780

Die Erde.

ÜBER DIE WEISSAGUNGEN DES VERSTORBENEN HERRN SUPERINTENDENTEN ZIEHEN ZU ZELLERFELD

Bereits vor acht Wochen wurden die Weissagungen des Herrn Superintendenten Ziehen zu Zellerfeld von einer bevorstehenden großen Veränderung auf der Erde an einen meiner hiesigen Freunde im Manuskript geschickt, mit dem Auftrage, sie mir mitzuteilen und meine Meinung darüber zu vernehmen. Ich gab dieselbe in wenigen Worten, wenn ich mich recht erinnere, dahin: Die Weissagungen wären zwar in einer für einen Schwärmer ziemlich simplen und ordentlichen Schreibart abgefaßt, enthielten aber wahren Unsinn, wie alle andern neueren Weissagungen, nur mit astronomischen Kunstwörtern und vermeintlichen Beweisen aufgestutzt, wodurch aber Herr Ziehen eine Unwissenheit in astronomischen Dingen verriete, die mir bei einem Geistlichen und Gelehrten fast unbegreiflich wäre. Dabei erbot ich mich, meine Behauptungen, wenn es verlangt würde, geometrisch zu beweisen. Indessen breiteten sich diese Weissagungen immer mehr durch schriftliche davon gemachte Kopien aus und machten (nicht nur) eine Menge nicht gemeiner Leute, sondern selbst Männer von Einsicht in andern Dingen aufmerksam und wohl gar unruhig, weil ein Teil von Herrn Ziehens Weissagung bereits in Erfüllung gegangen sein sollte. Ein unvollkommener Auszug davon, der nicht viel mehr als die bloßen Resultate enthielt, ging bis nach Obersachsen, und ich habe einen Brief von einem Gelehrten von dorther gesehen, der dieses Werk als eins der wichtigsten der neuern Zeit und als voll von den tiefsten Einsichten in die Astronomie und das Innere der Natur ansieht. Ich wurde mehrmals ersucht, meine Meinung darüber öffentlich bekannt zu machen, ich schlug es aber immer aus, weil ich einem bloßen Manuskripte, das ich nicht einmal mehr in Händen hatte, nicht gern eine gedruckte Widerlegung entgegensetzen wollte. Allein da nunmehr ein Auszug davon wirklich gedruckt ist und sogar zum Verkauf den Leuten in die Häuser gebracht wird; da die Herausgeber dieses Aufsatzes in der Vorrede sagen: er errege noch jetzt in den braunschweigischen und benachbarten sächsischen und rheinischen Landen allgemeine Aufmerksamkeit, und sie selbst wären überzeugt, er sei einer ernsthaften Beurteilung und Überlegung würdig: so ist es wohl der Mühe wert, einmal ganz in der Kürze zu zeigen, daß das ganze Fundament dieser Weissagungen ein so abscheulicher Fehlschluß ist, daß ich mich nicht erinnere, je etwas Ähnliches gedruckt gelesen zu haben, es müßten denn die Schlüsse des Astronomen Kindermann sein, der ein Perspektiv erfunden zu haben glaubte, womit man von Dresden aus die Schiffe auf dem stillen Meere sehen könnte.

Man höre nun den Verfasser: »Die Erdfläche von Europa, sagt er Seite 12, senkt sich bald gegen Norden, bald gegen Süden, doch so, daß sie sich immer mehr gegen Süden senkt.« Also etwa so wie ein zinnerner Teller, den man auf einer Gabelspitze schlecht balanciert, einige Mal schwankt und dann herabstürzt. Dieser Hauptsatz, von dem er ausgeht, muß notwendig bewiesen werden. Wird er bewiesen, so sinkt Europa südwärts, und Herrn Ziehens Weissagungen stehen fest, wird er hingegen nicht erwiesen, so steht Europa fest, und Herrn Ziehens Weissagungen fangen an zu schwanken und stürzen zusammen. Herr Ziehen hat dieses gefühlt, er holt also seinen Beweis aus den Tiefen der Astronomie und dem Buch Chevilla her. Die Capella, sagt er (ein Stern der ersten Größe im Fuhrmann), steigt immer mehr nach Norden herauf, ihre Mittagshöhe wird größer und die Polhöhe kleiner. Dieses läßt sich (Seite 32, 35) schlechterdings nicht anders erklären, als daß der Horizont sich gegen Süden zu senkt und vertieft. Da steht nun Herrn Ziehens Beweis, und das südliche Europa sinkt. Diese tiefe Weisheit hat er aus einem gewissen Buche Chevilla oder Chevila genommen, das ich nicht kenne, auch nicht zu kennen verlange, wenn mehr dergleichen Absurditäten darin vorkommen sollten, oder auch schon dieser einzigen wegen nicht. Die ersten Anfänger in der praktischen Astronomie wissen, daß die Astronomen auf dem festen Lande die Sternenhöhen nicht von den Grenzen der Aussicht (dem bürgerlichen Horizont) an rechnen. Uns Göttingern könnte also der [Hohe] Meißner und alle die südlichen Gebirge einstürzen, ohne daß dadurch die Höhe der Sterne nur um eine Sekunde vermehrt würde. Auf der See bedient man sich zwar der Grenze der Aussicht, aber nicht ohne Verbesserung, deren dieses Hilfsmittel unter gewissen Umständen bedarf. Man sagt, ein Stern befinde sich am Horizont, wenn eine gerade Linie, von ihm nach dem Auge gezogen, einen rechten Winkel mit der durch das Auge gehenden Vertikallinie macht, er befinde sich nun in der Grenze der Aussicht oder nicht. Dieses war eine Absurdität. Ferner hat zwar Herr Ziehen Recht, wenn er sagt, die Capella nähere sich dem Scheitelpunkte (jetzt ungefähr 5 Sekunden des Jahrs); allein dieses ist nicht bloß eine Eigenschaft der Capella, sondern unzähliger andern Sterne, und bei einer unzähligen Menge findet gerade das Gegenteil statt, sie nähern sich dem Horizonte, alles nach so längst Schülern bekannten Gesetzen, daß man auf 1000 Jahre voraus bestimmen kann, wo sie stehen werden. Hätte Herr Ziehen statt seiner Capella, die, der Himmel weiß warum, im Buche Chevilla steht (vielleicht der großen Ähnlichkeit zwischen Capella, Chevilla, Sibylla und Cabbala wegen), den weit schönern Sirius betrachtet, so würde er gefunden haben, daß der sich dem südlichen Horizonte nähert, so wie sich seine Capella davon entfernt; also ebenso, wie Herr Ziehen aus der Capella beweist, daß das südliche Deutschland gesunken sei, ebenso läßt sich aus dem prächtigen Sirius und unzähligen andern beweisen, daß

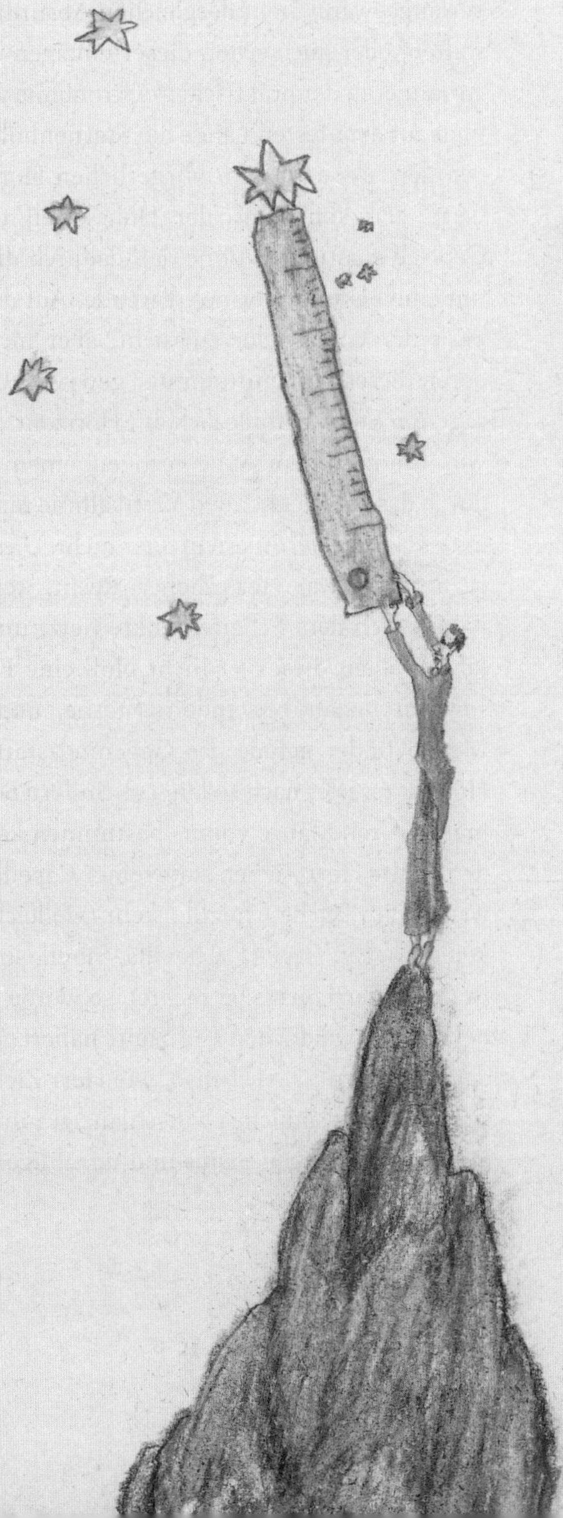

es sich gehoben habe. Dieses ist die zweite Absurdität. Ferner sagt er, die Capella erhöbe sich im Meridian des Niederrheins. Hierin ist gar kein Menschenverstand mehr. Die Erhebung der Capella besteht in ihrer vergrößerten nördlichen Abweichung, und alle Örter in der ganzen Welt, denen sie südlich von ihrem Zenith kulminiert, sehen sie dadurch höher. Dieses ist die dritte. Nähert sich endlich die Capella dem Pol, so wird sie sich bei ihrem untern entfernen, das heißt, nach Herrn Ziehen müßte auch der nördliche Horizont, so wie der südliche, gesunken sein. Dieses ist die vierte. Er sagt, auf der südlichen Halbkugel sei es deswegen kälter, weil die Sonne auf die eingesunkene Erde schiefer aufscheine. Allein versteht man denn die Sache nicht so: in Gegenden, die im Sommer hier und im Sommer dort die Sonne gleich hoch am Mittage sehen, ist es auf der nördlichen Halbkugel wärmer als auf der südlichen? Sehen sie aber die Sonne gleich hoch, so scheint sie auch gleich schief auf. Das ist die fünfte.
Die magnetische Materie, sagt er, strömt sonst auf unserer Halbkugel von Mittag nach Norden, bekommt aber daselbst (bei Vulkanen) eine veränderte Richtung, sie strömt von oben nach unten. Dieses ist die sechste und siebente. Denn strömt die magnetische Materie auf unserer Halbkugel von Süden nach Norden, so strömt sie auch auf der andern Halbkugel so. Oder gibt Herr Ziehen der Erde zwei Nordpole und heißt die Gegenden um die Linie Süden? Auch bei uns strömt diese Materie, wenn sie überhaupt strömt, von oben nach unten, etwa unter einem Winkel von 73 Graden und mehr als beim Vesuv.
Doch ich werde müde, solche Abgeschmacktheiten zu widerlegen, und schäme mich, indem ich dieses schreibe, wenn ich bedenke, daß vernünftige Leute glauben möchten, ich habe sie aus eigener Überzeugung einer ernstlichen Widerlegung wert geachtet. Ich folgte aber bloß dem Bitten einiger Bekannten. Ich setze nur noch hinzu, daß es mir nicht schwer fallen sollte, die Zahl der Abgeschmacktheiten dieser in aller Rücksicht elenden Broschüre bis

auf 20 und 30 zu vermehren, wenn ich es der Mühe wert achtete, sie genauer durchzugehen. Also, da stürzen nun die Weissagungen des Herrn Ziehen dahin, und Europa steht fest.

Allein seine Weissagungen sind doch zum Teil eingetroffen, sagt man. Eingetroffen? Was ist denn eingetroffen? Er weissagte einen Erdbruch, durch welchen Mähren von Österreich und Tirol, Böhmen von Bayern, die Alpen von Deutschland, Frankreich und die Niederlande von Deutschland u. s. w. getrennt werden sollten; daß das Wasser im Kanal so vertrocknen würde, daß die Flotten auf den Grund würden zu sitzen kommen. Und nun ereignet sich eine kleine Erderschütterung am Rhein. Was? der Mann weissagt einen allgemeinen Krieg, und nun glaubt man, seine Weissagung sei in Erfüllung gegangen, wenn sich ein paar Bauern klopfen. Er setzt auf eine Quaterne nach bestimmten Auszügen und denkt, er sei ein Prophet, wenn eine einzige Nummer davon aus dem Glücksrad kommt? Am Rhein sind die Erdbeben nichts weniger als selten, und mit einem gewissen Spielraume von Zeit lassen sie sich wohl vorhersagen. Jeder, der eine Ambe im Lotto gewinnt, ist ein größerer Prophet als Herr Ziehen.

Auffallend ist es den Herren Herausgebern, daß Herr Ziehen seine Aussage mit einem Eide habe erhärten wollen. Fürwahr, dieses Urteil der Herrn Herausgeber ist sehr auffallend. Herr Ziehen war ein redlicher Schwärmer, kein Betrüger wie Schröpfer, er wollte also nur mit dem Eide erhärten, was ihm jeder, der sein Buch liest und sich auf Physiognomik des Stils versteht, gern ohne Eid glauben wird, nämlich, daß er alles selbst glaube, was er da sage, und mehr konnte er nicht damit erhärten. Wollte er durch einen Eid erhärten, daß das südliche Deutschland allmählich sinke, weil die Capella sich erhebe, so hätte er wider Vernunft und Geometrie geschworen.

Nun genug hiervon. Meine Leser werden mir vergeben, daß ich eines bereits verstorbenen Mannes Buch so hart angegangen habe, da er sich nicht mehr verteidigen kann. Allein seine Sätze lassen sich nicht verteidigen. Ich würde, wenn er noch lebte, ebenso geschrieben haben, nur hätte ich vielleicht alsdann noch hinzugesetzt: Wie konnten Sie, als ein rechtschaffener Seelsorger, ohne einen einzigen der Sache kundigen Mann zu befragen, eine solche Schrift ins Publikum gehen lassen, die den Untergang von 7000 Ortschaften verkündigt, die also Tausende desto unruhiger machen wird, je gelehrter und je rechtschaffener Sie sind, der sie schrieb? Wie konnten Sie, der über die Gemüter Ihrer Gemeinde wachen und wider den Aberglauben derselben streiten soll, sich auf diese Weise in Gefahr setzen, der Schutzpatron alles Aberglaubens zu werden? Denn der Unwissende, der glaubt, Sie haben hier demonstriert, wird glauben, ein anderer könnte vielleicht andern abergläubischen Unsinn demonstrieren. Sie haben freilich geglaubt, Sie hätten alles demonstriert und Ihr Satz sei eine physikalische Entdeckung; allein eine so wichtige, schwere und gefährliche Entdeckung muß kein vernünftiger Mann bekannt machen, ehe er Leute, die der Sache auch gewachsen sind, darüber befragt hat. So ungefähr würde ich ihn angeredet haben, jetzt mögen diese Worte seiner Nachahmer wegen hier stehen. Herr Ziehen hat auch geweissaget, daß mancher bei seinem Buche lächeln würde. Diese Weissagung ist richtig eingetroffen, ungewiß befindet er sich jetzt vor Gott mitunter der Zahl.

NOCH EIN WORT ÜBER HERRN ZIEHENS WEISSAGUNGEN

Ein Ungenannter hat in dem 8en Bande der Chronologen des Herrn Wekherlin S. 14 sich Herrn Ziehens wider mich angenommen. Der Verfasser des Aufsatzes scheint ein sehr rechtschaffener Mann zu sein, und seine Art sich auszudrücken, verrät sicherlich keinen angehenden Schriftsteller. Es ist auf diesen wenigen Blättern in einer bündigen Kürze auch alles gesagt, was sich für einen redlichen Propheten des 18ten Jahrhunderts sagen läßt. Allein der Verfasser geht in seiner Defensionsschrift doch, wie mich dünkt, hier und da zu weit. Er sucht nicht bloß begreiflich zu machen, wie ein wohlmeinender und in vielen Dingen auch einsichtsvoller Mann in solche Fehler habe geraten können; sondern er findet auch die Fehler selbst noch sehr erträglich und Ziehens fieberhaftes Faseln nicht sehr von Buffons süßen Träumen oder gar von den Schlüssen der wachenden Vernunft im Astronomen verschieden, der die Bahn eines Kometen berechnet. Das ist viel zu viel. Würden freilich diese und andere Sätze des Verfassers überall mit dem Sinn gelesen, mit dem sie von ihm geschrieben sind, so wollte ich kein Wort darüber verlieren. Allein dieses ist selten der Fall, und jetzt vielleicht weniger als jemals. Man hat zu allen Zeiten Weissagungen Gehör gegeben, zumal den unangenehmen, wenn sie, mit etwas mystischer Physik aufgestutzt, sich an irgendein wahres, aber nicht in seinem ganzen Umfange erkanntes Sätzchen im Kopfe des Lesens anzuschließen schienen; allein ich weiß nicht, ob sie immer einen so großen Schutz von einer allzu demütigen Philosophie erhalten haben als jetzt. Daß unser Wissen nichts ist, haben einige in dem geschäftigen Dienste der Wahrheit grau gewordene Männer erkannt, aber gewiß nicht mit dem Geiste ausgesprochen, mit dem es ihnen jetzt skeptische Indolenz hier und da nachspricht. Die Zahl derer, die sich, anstatt den Weg der Beobachtung und der Mathematik einzuschlagen, lieber durch irgendein spagyrisches oder theosophisches Schlupfloch in das Heiligtum der Natur einzuschleichen suchen, nimmt daher täglich zu. Vielleicht wissen es die wenigsten unserer Leser, daß es in Deutschland und in Frankreich, und warum nicht auch in andern Ländern, eine unglaubliche Menge von Menschen gibt, und darunter auch Gelehrte, ja sogar Naturforscher, die in den Stunden, die sie von ihrem Dienste abmüßigen können, und zuweilen auch mitunter in denen, worin sie etwas Besseres tun sollten, das Bächlein von Erkenntnis suchen, welches ehemals als ein unerschöpflicher Rio de la Plata im Paradiese voll und gemeinschaftlich strömte. Sie glauben nämlich, Adam habe beim Sündenfalle nicht alle physikalischen und metaphysischen Kenntnisse eingebüßt, sondern noch einige zerstreute Sätze daraus auf seine Kinder gebracht, diese hätten sie wiederum den ihrigen mitgeteilt; und so erstrecke sich nun, den Lehren des Euklides und Aristoteles parallel, aber unendlich erhabener und feiner, eine Kette von Kenntnissen über den Köpfen von Tausenden weg, von denen aber doch die Spuren in den göttlichen Werken weniger Auserwählten anzutreffen seien. Hierher gehört nun hauptsächlich das Buch Chevilla, aus dem Herr Ziehen seine Weissagungen geschöpft hat. Dieses Buch Chevilla ist nicht allein ein äußerst schwer gesehriebenes Werk, dieses hat es mit allen den tiefsinnigen Werken eben genannter Weisen gemein; sondern es unterscheidet sich von allen schwer geschriebenen Büchern hauptsächlich noch dadurch, daß es schon sehr schwer ist anzugeben, was es eigentlich ist, und wo es ist. Das ist alles Mögliche. Einige glauben, es stehe in der Bibel, ob es gleich noch niemand darin gesehen hat, und ob es gleich selbst die nicht darin gesehen haben, die glauben, es stände darin. Nach diesen wäre es also eine Art von Bibelseele oder eine Naturlehre und

Metaphysik, in jene seligmachende Lehren aufgelöset, die dereinst entweder durch eine neue Offenbarung oder durch beständiges Studium zur Präzipitation werden gebracht werden. Die Vortrefflichkeit der biblischen Moral leuchte ohne Kommentar ein, weil die Menschen ohne Tugend nicht bestehen können, hingegen seien die übrigen darin liegenden Kenntnisse nicht so nötig und werden daher später offenbaret. So habe man lange mineralische Wasser getrunken und ihre stärkende Kraft gefühlt, ohne zu wissen, daß eine Luft darin stecke, welche die Tiere tötet, und etwas von der Materie, woraus wir unsere Degenklingen und das kleine Schießgewehr verfertigen. So viel vom Buch Chevilla. Es verhalte sich nun damit, wie es wolle, so ist so viel gewiß: was Herrn Ziehen zur Präzipitation gebracht hat, ist nichts wert und völlig dem gemeinen Niederschlag ähnlich, der sich in den Werken der ersten Anfänger zeigt, die sich in Sachen mischen, wovon sie nicht einmal die Anfangsgründe verstehen. Und doch hat neulich jemand für das Buch Chevilla 50 Dukaten geboten. Ja, Bücher, wie die oben angeführten, von denen man kaum erwarten sollte, daß sie diesseits der Türe des Tollhauses geschrieben sein könnten, werden noch täglich gedruckt und aufgelegt, also auch mit Beifall gelesen. Herr Kraus in Wien weiß sehr wohl, was das für ein Handel ist. Und in solchen Zeiten wollen noch Männer von Geist, deren Philosophie zu fest gegründet ist, um selbst etwas fürchten zu dürfen, aufstehen und ihre vielleicht durch tiefes Studium erlangte Einsicht von der Unvollkommenheit menschlicher Theorien anwenden, den Untersuchungsgeist in andern zu lähmen und sie glauben zu machen, jede freiwillig eingestandene Unwissenheit sei eine gelehrte – und das alles bloß, um einen rechtschaffenen Mann zu entschuldigen, dessen Rechtschaffenheit gar hierbei nicht bezweifelt wird? Ich bin so sehr überzeugt, als es der Verfasser nur immer sein kann, daß Herr Ziehen ein redlicher Mann war; allein ich glaube nur noch dabei, und mit eben der Überzeugung, daß seine Weissagungen abscheulich sind und nicht im geringsten mehr Aufmerksamkeit verdienen als jede andere, die auf Jahrmärkten herumgetragen wird, und vielleicht noch weniger. Wir wollen einmal sehen. Warum sollen wir Herrn Ziehens Weissagungen nicht schlechtweg verwerfen? ›Etwa, weil unsere Physik ein Faden ist, der in der Luft schwebt, und unsere angenommenen Grundsätze nicht der Rede wert sind?‹ Das will sagen, unser Wissen ist Stückwerk, aber sind es unsere Weissagungen nicht auch, zumal wenn, wie bei den Ziehenschen, unser Stückwerk von Wissen hinreicht zu zeigen, daß sie gar nichts sind? ›Oder weil er ein redlicher verschlossener Mann war, der viele und tiefe Untersuchungen angestellt hat?‹ Antwort. Für seine Redlichkeit hat er die Achtung vieler vortrefflicher Männer erhalten, und selbst, daß man gegen seine Irrtümer noch schreibt, hat er zum Teil dieser Redlichkeit zu danken. Was seine tiefen Einsichten betrifft, so finden sich in der Schrift, auf die hier alles ankommt, nicht die mindesten Spuren, keine eigene Beobachtung, keine kritische Benutzung der Beobachtungen anderer, kein zusammenhängendes Raisonnement, nicht einmal ein zusammenhängender Traum; gar nichts. Hingegen von allem der bloße Schein, falsch verstandene Beobachtung mit ungeheuren und wiederum falschen Folgerungen daraus; Anwendungen der Astronomie, die über alle Maßen elend sind u. s. w. Das südliche Europa sinke allmählich, weil sich die Capella erhebe, und sie erhebe sich im Meridian des Niederrheins, sind zwei Sätze, wozu sich vollkommen ähnliche nur im Fieber finden lassen, und gehören in eben die Physik, aus welcher jemand vor zehn Jahren die nassen Sommer dadurch zu erklären glaubte, daß die Welt näher an die See gerückt sei. Und doch sind dieses gerade die Grundsäulen der ganzen Ziehenschen Prophezeihung, und worauf sich vermutlich bei ihm die ganze Überzeugung gründete. Er dachte, wenn das südliche Europa sinke, wie denn dieses mathematisch erwiesen wäre, und das nördliche stehe fest, so müsse es notwendig über kurz oder lang irgendwo brechen, es geschehe nun, wo oder wann es wolle. Und solche Irrtümer setzt der Verfasser den Epochen der Natur des großen Buffons entgegen und heißt es, Kometenbahnen berechnen? Wie will er dieses vor Newtons, Halleys und Dörfels Schatten verantworten?

›Aber von Ziehens Schrift haben wir das Ganze nicht, und ohne das sollte man nicht urteilen.‹ Ums Himmels willen, was mag das für ein Ganzes sein, zu dem solche Glieder gehören, und die noch dazu der Künstler, um seinen Freunden einen Vorgeschmack vom Übrigen zu geben, vorzeigt und Kopien davon machen läßt. Ist dieses Aufsteigen der Capella (in Spanien, Portugal, Italien u. s. w. sinkt sie) ein unerhebliches Stück der Ziehenschen Theorie, warum gibt er sie als eine Probe? Und ist es ein erhebliches, so wird die ganze Theorie nicht bloß unerheblich, sondern sie wird gar nichts. Ich sehe überhaupt nicht, warum man um die Ziehenschen Weissagungen mit so viel skeptischer Zurückhaltung herumgeht. Man muß Herz haben, solches unzusammenhängendes Zeug für Possen zu halten, sie kommen, von wem sie wollen. Ob der Mann tiefsinnig gewesen sei, muß seine Schrift ausweisen und nicht durch Aussagen von Freunden erwiesen werden wollen. Mancher hält für Tiefsinn, was dem Kenner gar nichts ist, und für ein großes Unternehmen, was viele Zeit und Sitzen kostet. Es ist aber gewiß, daß in der Welt sehr viel Schlechtes mit Schweiß und Mühe geschieht. Mir ist ein Mann bekannt, der viele Jahre über dem Pe mobile [so nannte er das perpetuum mobile] zubrachte, große Bogen Papier zusammenklebte, und sie auf dem Boden des Zimmers voll multiplizierte, und das so lange, bis über der allzu heftigen Anstrengung die rechnende Maschine still stand, noch ehe die berechnete zu gehen anfing, und er dahinstarb, nicht ohne den Ruhm, ein guter, arbeitsamer und dabei nicht unwissender Mann gewesen zu sein. Und ich weiß noch wirklich von mehreren Personen, die mit weitläufigen Untersuchungen beschäftigt sind, die sich vermutlich ebenso endigen werden. Eine schwärmerische Vorüberzeugung von der Möglichkeit der Ausführung erhält einerseits ihren Fleiß, während Mangel an genugsamen Kenntnissen in den Hilfswissenschaften immer den Weg von der andern verlängert. Wie glücklich wären nicht solche, oft sehr rechtschaffene Männer, wenn sie einen vertrauten Freund hätten, nicht ihren Tiefsinn zu bewundern oder ihre Einbildungskraft mit herzoglichmichelschen Ideen noch mehr zu verwirren, sondern ihr ganzes Unternehmen freimütig zu prüfen. Allein man hat mir gesagt, solche Erfinder sollen so gar vor der Überzeugung vom Gegenteil fliehen und die Leute vermeiden, von denen sie sie erwarten können. Es ist dieses ein Trieb, der gemeiniglich bei der zärtlichsten Liebe steht, der Gegenstand derselben sei nun ein geliebtes Kind oder ein geliebtes Projekt. Und es mag freilich eine schmerzhafte Empfindung sein, den Liebling unsers Herzens, mehrere Jahre durch den Vertrauten unserer besten Stunden und die erwählte Stütze in unserm Alter, auf einmal und auf Lebenszeit dem Zuchthaus übergeben zu sehen.

Über das Eintreffen der Weissagungen des Herrn Ziehen habe ich schon meine Meinung in der kleinen Schrift gesagt. Solche Dinge können schlechterdings nicht eintreffen, und wenn es so scheint, so ist die beste Erklärung: wenn man den Wolf nennt u. s. w. Zum Beschluß muß ich noch ein paar Worte über eine Stelle der Schrift sagen, die von vielen falsch verstanden werden könnte. Der Verfasser sagt nämlich Seite 21: »Ein profunder Gelehrter zu Göttingen schrieb im vorigen Herbst: In diesen stürmischen Nächten habe ich an Ziehen gedacht. Der Mann ist doch wohl nicht simpler Visionär gewesen. Er hat etwa nur den Ort verfehlt, an dem er Revolutionen der Natur voraussah. In Westindien ist ja viel davon vorgegangen, und zwar fast um die bestimmte Zeit. Vielleicht sah er auch nur zu viel.« Mich dünkt, dieses hätte der rechtschaffene Verfasser weglassen müssen. Er gewinnt sicherlich bei den Gelehrten, die ich ihm nennen könnte, und die für eigentliche Richter hierüber, wenigstens nach dem jetzigen Grad menschlicher Einsichten in diese Dinge, ebensogut erkannt werden können als irgendein Ungenannter, nichts; mir hingegen hätte er bei Leuten, die nichts von der Sache verstehen, und das sind eben nicht immer die ohnmächtigsten und bescheidensten, schaden können. Daß sich übrigens ein profunder Gelehrter vor der Erfüllung einer Weissagung zumal in einer stürmischen Nacht fürchtet, würde mich nicht wundern, selbst wenn er ein profunder Physiker oder Philosoph wäre. Fürchtete sich doch Hobbes des Nachts vor Gespenstern, und solcher Hobbesianer gibt es noch sehr viele. Die Freundschaft gegen Grundsätze hält so wenig wie die gegen Nebenmenschen immer die Probe aus. Auch besteht diese gewiß wohlgemeinte, und außerdem nur in einem Privatschreiben, wie ich verstehe, geäußerte Entschuldigung sehr gut mit dem, was ich gesagt habe. Die Entschuldigung sagt: Herr Ziehen hat sich im Orte geirrt (und zwar nicht wenig, er sprach vom Kanal und Bayern, und der Sturm war in Westindien). Er hat sich in Absicht auf die Größe geirrt (und wiederum nicht wenig, die Schiffe im Kanal sollten auf den Grund geraten und Bayern sich von Böhmen trennen u.s.w., und was ereignete sich? Einer von den Stürmen,

– – durch die der Herr auf Erden
Die Krämer beugt, daß sie nicht Fürsten werden).

Und wo ereignete sich dieser Sturm? Antwort: im rechten Vaterlande der Wirbelwinde, der Donnerwetter und Orkane; wo den 1. August 1781 schon wieder 20 große Schiffe ganz verunglückten uncl mehrere beschädigt wurden; wo, wie man schon aus der Karte sehen kann, lange vor unserer Zeit und unsern Weissagungen sich alles dieses schon viele tausend Mal in sehr viel höherem Grade ereignet haben muß (und das aus Ursachen, die nicht sehr tief liegen, und die vermutlich das Band, welches sowohl das südliche Amerika an das nördliche als Perus Reichtümer an die Madrider Schatzkammer anknüpft, schon so dünne genagt haben), dieses sagt die Entschuldigung. Und was sagte ich? Alles dieses auch; nur ohne Entschuldigung, weil es unmöglich war, im Frankfurter Ristretto von den letzten Jahren irgend etwas von einer Krämerzüchtigung (Revolution heißt es in der Entschuldigung) aufzutreiben, aus der sich das Fortrücken der Nachtgleichen hätte erklären lassen.

Unsere Leser muß ich um Vergebung bitten, daß ich eine solche Sache hierher bringe. Es ist nicht meine Schuld. Nachdem Herrn Ziehens Schrift viele Personen von einer gewissen Klasse erschreckt hatte, wurde ich gebeten, etwas dagegen bekannt zu machen, und dieses tat ich im hiesigen Wochenblatt 40sten Stück 1780. Es ist nicht jedermanns Sache und am allerwenigsten die meinige, wie Möser Wochenblätter für eine Stadt zu schreiben, die zugleich Blätter für die Welt sind. Die Schrift wurde aber an zwei Orten nachgedruckt und nun in einer Schrift angefochten, in die ich die meinige nicht hätte einrücken, und auf eine zu bescheidene Weise, als daß ich hätte schweigen können.

AMINTORS MORGENANDACHT

Wie wenn einmal die Sonne nicht wieder käme, dachte Amintor oft, wenn er in einer dunklen Nacht erwachte, und freute sich, wenn er endlich den Tag wieder anbrechen sah. Die tiefe Stille des frühen Morgens, die Freundin der Überlegung, verbunden mit dem Gefühl gestärkter Kräfte und wieder erneuerter Gesundheit, erweckte in ihm alsdann ein so mächtiges Vertrauen auf die Ordnung der Natur und den Geist, der sie lenkt, daß er sich in dem Tumult des Lebens so sicher glaubte, als stände sein Verhängnis in seiner eigenen Hand. Diese Empfindung, dachte er alsdann, die du dir nicht erzwingst und nicht vorheuchelst, und die dir dieses unbeschreibliche Wohlbehagen gewährt, ist gewiß das Werk eben jenes Geistes, und sagt dir laut, daß du jetzt wenigstens richtig denkst. Auch war dieses innere Anerkennen von Ordnung nichts anderes als wieder eben diese Ordnung selbst, nur auf ihn, der sie bemerkte, fortgesetzt, und daher immer für ihn der höchste Genuß seines Geistes. O, ich weiß, rief er alsdann aus, dieses mein stilles Dankgebet, das Dir alle Kreatur darbringt, jedes mit seinem Gefühl und in seiner Sprache, nach seiner Art, wie ich in der meinigen, wird gewiß von Dir gehört, der Du den Himmel lenkst; gewiß wird es Dir von allen Kreaturen, zu Tausenden, dargebracht, aber mit doppeltem Genuß von mir, dem du Kraft verliehest zu erkennen, daß ich durch dieses Dankgefühl und in diesem Dankgefühl bin, was ich sein soll. O störe nicht, sprach er dann zu sich selbst, diesen himmlischen Frieden in dir heute durch Schuld! Wie würde dir der morgende Tag anbrechen, wenn ihn diese reine Spiegelhelle deines Wesens nicht mehr in dein Inneres zurückwürfe? Es wäre besser, er erschiene nie wieder oder wenigstens für dich Unglücklichen nicht mehr. – Diese Art, in seinem Gott zu leben, wie er es nannte, die ihm von Betbrüdern, die lieber glaubten, als dachten, weil sie es so bequemer fanden, für Spinozismus ausgelegt wurde, hatte er sich so sehr eigen gemacht, daß sie für ihn unzerstörbare Beruhigung über die Zukunft und ein nicht zu überwältigender Trost in Todesgefahr wurde. Eines Tages, als er sich nach einer seiner Morgenandachten selbst befragte, woher ihm dieses freudige Ergeben in die Führung der Welt und dieses große Sicherheitsgefühl bei jedem Gedanken an die Zukunft komme (denn es war ihm zu fest, um bloß dichterisches Aufwallen zu sein), so war es ihm entzückende Freude zu finden, daß er es allein dem Grad von Erkenntnis der Natur zu danken habe, den er sich erworben hatte, einem Grade, von dem er behauptete, daß er jedem Menschen von den gewöhnlichsten Anlagen erreichbar wäre. Nur müsse, wie er sagt, das Studium anhaltend, ohne Zank und Neuerungssucht und ohne alle Spekulationen des Inventurienten getrieben werden. Man wird ihm leicht glauben, daß es eine entzückende Betrachtung sein muß, sich sagen zu können: meine Ruhe ist das Werk meiner eigenen Vernunft; es hat sie mir keine Exegese gegeben, und keine Exegese wird sie mir rauben. – O, nichts, nichts wird die mir rauben können, als was mir meine Vernunft raubt. Daß die Betrachtung der Natur diesen Trost gewähren kann, davon ist er gewiß, denn er lebt in ihm; ob er es für alle sei, ließ er wenigstens unentschieden, und hierbei hinge, wie er sagte, vieles von der Art ab, wie die Wissenschaft getrieben und angewandt würde, eine Sache, die, wie vielleicht auch Spinozismus, wenn er unschädlich sein soll, nicht gelehrt, sondern selbst gefunden sein wolle; es sei nichts weniger als jene physico-theologische Betrachtung von Sonnen, deren uns deutlich sichtbares Heer nach einer Art von Zählung auf 75 Millionen geschätzt würde. Er nannte diese erhabenen Betrachtungen bloße Musik der Sphären, die anfangs den Geist wie mit einem Sturm von Entzücken fast zur Betäubung hinreiße, er werde ihrer aber endlich

gewohnt; allein das, was davon immer bliebe, unstreitig das Beste, fände sich überall und vorzüglich in dem mit in die Reihe gehörigen Geist, der dieser Betrachtungen fähig sei. Es sei vielmehr eine zu anhaltendem Studio der Natur sich unvermerkt gesellende Freude über eigenes Dasein, verbunden mit nicht ängstlicher, sondern froher Neugierde (wenn dieses das rechte Wort ist), die so weit über sogenannte Curiosité erhaben sei als hohes Gefühl für Ehre über Bauernstolz, zu erfahren, mit diesen Sinnen oder mit analogen oder Verhältnissen anderer Art, die sich von jeder Art des Daseins hoffen lassen, was nun dieses alles sei und werden wolle. Er fürchte zwar sehr, daß seine Freunde immer nur die Worte der Lehre und nicht die Lehre hören würden, hoffe aber alles, wenn er dereinst darüber sprechen würde, von eigenem Versuch. Er denke nun seit der Zeit, daß das Vergnügen, das die Betrachtung der Natur dem Kinde und dem Wilden, so wie dem Manne von aller Art von Bildung gewährt, auch den großen Zweck mit zur Absicht habe und in jedem Leben und in jeder Welt haben müsse, in welchem Zusammenhang sei: völlige Beruhigung in Absicht der Zukunft und frohes Ergeben in die Leitung der Welt; man gebe nun dieser einen Namen, welchen man wolle. Er zähle es unter die wichtigste Begebenheit seines Lebens, wenigstens für sich gefunden zu haben, daß, so wie wir natürlich leiden, wir auch natürliche, von aller Tradition unabhängige Mittel haben, diese Leiden mit einer Art von Freude zu erdulden. Diese Philosophie hebe freilich den vorübergehenden Unmut nicht auf, so wenig als den Schmerz, weil eine solche Philosophie, wenn sie möglich wäre, auch alles Vergnügen aufheben würde. Er pflegte dieses öfters seine Versöhnung mit Gott zu nennen, gegen den die Vernunft, selbst mit Hoffnung auf Vergebung, vielleicht murren könnte, wenn nicht im Gange der Dinge auch der Faden eingewebt wäre, der zu jener Beruhigung ohne weitere Hilfe leiten könnte. Überhaupt kamen bei seinem Vortrag viele Ausdrücke vor, deren sich die Bibel bedient; er sagte dabei: es sei nicht wohl möglich, dieselbe Geschichte des menschlichen Geistes zu erzählen, ohne zuweilen auf dieselben Ausdrücke zu geraten, und glaubte, man werde die Bibel noch besser verstehen, als man sie versteht, wenn man sich selbst mehr studiere; und um mit ihren erhabenen Lehren immer zusammenzutreffen, sei der kürzeste Weg, die Erreichung ihres Zwecks einmal auf einem andern von ihr unabhängigen zu versuchen und Zeit und Umstände dabei in Rechnung zu bringen; Spinoza selbst, glaube er, habe es nicht so übel gemeint als die vielen Menschen, die jetzt statt seiner meinen. Es sei für Millionen Menschen bequemer und verständiger, vom Himmel herab zu hören: Du sollst nicht stehlen und kein falsch Zeugnis reden, als im Himmel selbst die Stelle zu suchen, wo diese Worte wirklich mit Flammenschrift geschrieben stehen, wo sie von vielen gelesen worden sei. Übrigens glaube er, sei es für die Ferngläser und die Brillen unbedeutend, ob das Licht wirklich von der Sonne herabströme, oder ob die Sonne nur ein Medium zittern mache und es bloß ließe, als strömte es herab; aber die Ferngläser und zumal die Brillen seien deswegen nichts weniger als unbedeutend, und bei der Brille pflegte ihm öfters einzufallen, daß der Mensch zwar nicht die Macht hätte, die Welt zu modeln, wie er wolle, aber dafür die Macht, Brillen zu schleifen, wodurch er sie schier erscheinen machen könne, wie wir wollen; und solcher Betrachtungen mehr, wodurch er seine Freunde nicht sowohl auf seinen Weg hinleiten als ihnen vielmehr Winke geben wollte, den selbst zu finden, der ihnen der sicherste und bequemste wäre. Wie es denn wirklich an dem ist, daß Philosophie, wenn sie für den Menschen etwas mehr sein soll als eine Sammlung von Materien zum Disputieren, nur indirekt gelehrt werden kann.

VORSCHLAG
ZU EINEM ORBIS PICTUS
FÜR DEUTSCHE DRAMATISCHE SCHRIFTSTELLER, ROMANDICHTER UND SCHAUSPIELER
NEBST EINIGEN BEITRÄGEN DAZU

Ich glaube gleich beim Eingange zu diesem Aufsatze ohne weitern Beweis annehmen zu dürfen, daß die Seichtigkeit der Schauspiel- sowohl als Romanendichter unter uns zu einer Größe gediehen ist, bei der sie sich mit dem Kredit, den sie findet, nur bei einem Publikum erhalten kann, das sich jetzt über gewisse Prachtphrases, Modebilder und Modeempfindungen verglichen und dahin vereint zu haben scheint, den Wert oder Unwert einer Schrift bloß nach dem Grade der Näherung an jenes Konventionssystem zu bestimmen. Die Gabe, das Kapital von Bemerkungen über den Menschen zu vergrößern und eigene Empfindungen mit dem verständlichsten individualisierenden Ausdruck zu Buch zu bringen und dadurch auch noch Männer zu unterhalten, die jenes System nicht kennen und mehr als transszendente Setzerkünste von einem Schriftsteller verlangen, scheint von Tag zu Tag mehr zu erlöschen. Und was Wunder? Die hellsten Köpfe unserer Nation, Leute von Welt und Erfahrung, lesen nun, nachdem sie sich so viel hundertmal betrogen gefunden haben, die neuen Produkte dieser Art gar nicht mehr, und die Beurteilung, Anpreisung und Vergötterung derselben ist größtenteils in den Händen von Exprimanern, die jenen Werken ihre erste Form sowohl als nachherige Ausbildung zu danken haben, und von Leuten, die die Welt so wenig kennen als die Welt sie. Das Makulatur von heute rühmt das Makulatur von gestern, und Pfeffertütenkredit gründet sich auf

Pfeffertütenlob. Steht irgendeinmal ein Kenner in einem Journale oder einer Zeitung, die in höheren Wissenschaften Kredit hat, auf und redet die Wahrheit, so nennt es die Menge in stolzer Bequemlichkeit Intrige der Stechbahn oder gelehrte Pedanterei oder altkluge laudes temporis acti. *Vox populi* heißt auch hier *vox Dei* und Buchhändlerabsatz der Maßstab für innern Wert. Es hat sich nämlich in unsere Schauspiele sowohl als Romane und Gedichte (ich rede hier von der bei weitem größeren Anzahl) eine gewisse *Gradus ad Parnassum*-Methode eingeschlichen, eine schlaue, den Ohren der Zeit angepaßte Logodädalie und Versetzungskunst des tausendmal Gesagten, die die Lesegesellschaften in Erstaunen setzen, aber jeden wahrhaften Kenner des Menschen mit unbeschreiblichem Unwillen erfüllen. Hierzu trägt wohl freilich die Leichtigkeit, womit wir im 20sten Jahre schon so vielerlei Kenntnisse sammeln können, nicht wenig bei. Durch die Gewohnheit, immer süße Lehre leicht zu empfangen, erschlafft bei den meisten das Talent, selbst zu suchen. Sie sehen daher in allen Dingen gemeiniglich nur, was sie schon wissen. Empfehlung vertritt die Stelle von eigener Prüfung, Nachschlagen von Nachdenken und Ansehen die von Würdigkeit. Unglückseligerweise sind die Werke, worin der moralische Mensch oder nur gewisse Seiten desselben gut entwickelt liegen, so äußerst selten, und weil auch bei den wenigen noch scharfe Beobachtung seiner selbst und Zusammenhaltung mit sich selbst nötig ist und die Stelle der Zeichnungen vertreten muß, so werden sie so äußerst selten gelesen und verstanden, daß ihr Einfluß auf unsere jungen schönen Geister nur sehr geringe ist. Man schreibt daher leichter Romane aus Romanen, Schauspiele aus Schauspielen und Gedichte aus Gedichten, ohne imstande zu sein oder auch nur den Willen zu haben, die Zeichnung endlich einmal wieder mit der Natur zusammenzuhalten. Töricht affektierte Sonderbarkeit in dieser Methode wird das Kriterium von Originalität, und das sicherste Zeichen, daß man einen Kopf habe, dieses, wenn man sich des Tages ein paar

Mal darauf stellt. Wenn dieses auch eine Sternische Kunst wäre, so ist wohl soviel gewiß, es ist keine der schwersten. Mit etwas Witz, biegsamen Fibern und einem durch ein wenig Beifall gestärkten Vorsatz, sonderbar zu scheinen, läßt sich eine Menge närrisches Zeug in der Welt anfangen, wenn man schwach genug ist, es zu wollen, unbekannt genug, mit wahrem Ruhm es schön zu finden, und müßig genug, es auszuführen. Was kann endlich daraus werden? Nichts anderes, als man malt den Menschen nicht mehr, wie er ist, sondern statt seiner ein verabredetes Zeichen setzt, das mit dem Originale oft kaum so viel Ähnlichkeit hat als manches heraldische mit dem seinigen. Solche Schriften lassen sich freilich lesen, ja ich will nicht leugnen, daß ein schlauer Kopf sogar eine gewisse Art von Kunst darin anbringen könne, die einem andern Kopfe von ähnlicher Schlauigkeit Vergnügen machen und daher eines gewissen Grades von Vollkommenheit fähig sein kann. Aber das Ganze bleibt doch allemal eine erbärmliche Plakkerei, die weder dem Manne von Geschäften noch dem Ausländer gefallen kann, wie die Proben, die man mit einigen unserer berüchtigsten hat machen wollen, sattsam gelehrt haben. Mancher, der wohl fühlt, wo ihn der Kothurn und Soccus drückt, wirft sich, wie man zu sagen pflegt, daher in das Fach der weinerlichen Liebe, wo sowohl ihm als dem Leser, jedem nach seiner Art, das *quod natura omnia animalia docuit* zu statten kommt, jenem das Schreiben so wie diesem die Selbstvergleichung erleichtert und beiden ihren Mangel an Einsicht nicht fühlen läßt. Ein jeder, wenn er über das 16te Jahr weg ist, hat schon seine Beobachtungen hierzu gemacht und findet sich und seine Schöne im Schauspiele und Romane, so wie der Verliebte jedes Mädchen auf ein paar hundert Schritte für die seinige hält. Was er noch nicht gefunden hat, das lernte er finden, und was er noch nicht ist, das wird er. Wo ein Volk einmal aus Mangel an Geschmack und an Kenntnis des Menschen von andern Seiten so weichlich geworden ist, daß es nur allein für Werke dieser Klasse Gefühl hat, und nur Schriftsteller, die die Heimlichkeiten ihrer Jugend unter dem Kredit des reifern Alters auf diese Art ausplaudern, für Seher zu halten anfängt, da geht es Fall auf Fall. Denn wohin kann ein solcher Trieb nicht führen, wenn ihm, wie bei uns, jeder Bube, der seinen Siegwart halten kann, unter dem Kredit des sichern Zeichens eines auserwählten Gefühls und der bereits geschehenen Einweihung in die innersten Mysterien der Natur nachhängen zu müssen glaubt. Daher entstehen die häufigen Vermählungen von warmen Herzen mit leeren Köpfen, und durch jede wird entweder ein sogenannter liebenswürdiger Schriftsteller oder ein sogenannter menschenfreundlicher, liebevoller Leser. Denn unter allen Verbindungen von Mängeln und Vollkommenheiten der menschlichen Seele ist, wenn mich meine Beobachtung nicht ganz trügt, gerade die eben genannte diejenige, bei der man mit der größten Leichtigkeit schreibt und mit der größten Toleranz liest. Der Beifall eines entnervenden Buchs kann daher leicht epidemisch werden, der von einem in die Seele redenden, stärkenden ist allezeit gering. Ein alter Weiser hat schon gesagt, aus jedem Mann läßt sich ein Kastrat machen, aber aus keinem Kastraten ein Mann. Aber das ist bei weitem noch nicht alles. Man liest nicht allein Bücher mit Vergnügen, die von kenntnisleeren Köpfen herrühren, sondern man rühmt sogar an ihnen den Mangel an reellen Kenntnissen oder doch an Büchern. Das ist alles mögliche. Ich weiß hierauf nichts zu erwidern, als daß eben dieser Mangel Ursache ist, warum die wenigsten von Leuten gelesen werden und werden können, die etwas mehr sind als Faulenzer wie sie und Kraftbarden wie sie. Sie selbst fühlen dieses für ihre Personen, aber für ihre Werke wollen sie es nicht fühlen. Sie vermeiden den Umgang von durchschauenden Köpfen aus Furcht, entdeckt zu werden, die durchschauenden Köpfe entdecken das alles in ihren Werken, und weil diese mit Büchern keine Komplimente machen, so vermeiden sie sie – – in der Stille. Ich bin daher überzeugt, die Kreditscale unserer schönen Schriftsteller würde größtenteils umgekehrt werden, wenn die Männer anfangen wollten zu reden, die immer aus Bedachtsamkeit schweigen, und hingegen die jungen warmen Herzen schweigen wollten, die jetzt aus Unverstand sprechen. Ist es nicht eine seltsame Verblendung in diesen Geschöpfen, daß sie auf ihr eigenes unreifes Gefühl hin ihre Helden der Zeit und der Ewigkeit empfehlen zu können glauben, sie, die nicht imstande sind, einen vernünftigen Mann eine Viertelstunde zu unterhalten? Indessen alles hängt doch bei ihnen zusammen. Sie schimpfen auf Voltairen, Popen und Wielanden, sogar gegen Milton habe ich einige murmeln hören. Mein Gott! Wenn ein Kopf und ein Buch zusammenstoßen und es klingt hohl, ist denn das allemal im Buche? Daß doch diesen würdigen jungen Männern, die einmal für allemal einsehen müßten, daß wenig dazu gehört, klüger zu sein als sie, nicht ein einziges Mal einfällt, daß, um einzusehen, wie leer ihre Götzen sind, man vielleicht bloß klüger sein dürfe als sie? Milton war einer der gelehrtesten und tätigsten Männer seiner Zeit. Aus seinem Verlornen Paradiese hätte Newton Ideen schöpfen können, wenn er sie nicht gar daraus geschöpft hat. Selbst die Leberreime eines solchen Mannes müssen dem Ausländer und dem Manne von Geschäften gefallen. Was aus einem solchen Kopfe kommt, darf sich auch nicht schämen, zu einem ähnlichen Kopf hinzugehen. Sein Werk gleicht den Werken der Natur. Dort hängt der silberne Mond am blauen Firmament, dem entzückten Säugling auf den Armen seiner Wärterin darnach zu greifen, dem einsamen Wanderer zu leuchten und Eulern und Mayern seine Bahn zu bestimmen. Beattie zitiert den Milton so, wie er die Natur zitiert, und glaubt, mit der Natur zusammenzutreffen, wenn er mit ihm zusammentrifft. Alles dieses ist dem Schüler noch verborgen, der sein Auge an dessen Bildern weidet, oder der mit Entzücken die unerreichbare Harmonie seiner Verse hört. Man vergleiche nun die Werke seiner meisten Nachahmer mit ihm. Der Säugling greift darnach, der Wanderer tappt dabei, und Euler und Mayer lassen sie liegen. Es ist da keine Beschäftigung für sie. Manche

Dichter unter uns werden daher nur von gewissen Dichtern gelesen. Daß man so schreiben könne, daß jeder etwas in einem Werke findet, vom Schüler bis zum Philosophen und dem Weltmanne hinauf, darf ich wohl nicht erweisen, die Natur macht alle ihre Werke so, allein der Mann, der das tun will, muß kein einseitiger Tropf sein. Er muß reich genug sein an Bemerkungen, eine hinzuwerfen, auch wo er nicht gewiß ist, ob sie gleich gefunden werden wird, und Goldstücke hinzugeben mit einer Miene, aus der sich gar nichts auf den Gehalt schließen läßt; und nicht wie unsere Prächtigen rote Heller mit einer Majestät zurückschmeißen, daß, wer bloß die Miene sieht, denken sollte, es wären Goldstücke. Unserer kritischen Jugend sind dieses noch Geheimnisse. Vorpredigen hilft hier schlechterdings nichts. Es kommt nicht auf den Beweis von ein paar Sätzen an; die warme Jugend muß vernünftiger werden. Ich sehe daher mit Vergnügen jetzt einen Geschmack an vernünftiger Naturgeschichte, die mehr als Namenregister, und an Physik, die mehr als Taschenspielerkunst ist, aufleben und mit ihm Beobachtungsgeist und Aufmerksamkeit auf sich selbst und die Natur. Nehmen diese mehr überhand, so möchten die Dichterstände im Tempel des deutschen Ruhms ziemlich leer werden, und mancher, der jetzt die Ewigkeit in stolzer Ruhe abwartet, sich genötigt sehen, wieder vor die Türe zu treten. Allein, was wäre dann mit den jungen Posaunern und Speichelleckern anzufangen, die ihre Helden so schändlich getäuscht haben? Sich in einen Ochsen verwandeln ist noch kein Selbstmord, obgleich nicht geleugnet werden kann, daß es schon ziemlich viel ist.

Allein bis die Zeit kommt, da die Jugend selbst in die Werkstätten gehen kann, so sehe ich nicht ein, wie man ihnen leichter nützliche Begriffe beibringen könne als durch den Weg eines Orbis pictus. Nämlich durch ein Buch, worin man ihnen allerlei Bemerkungen über den Menschen vorsagte und vorzeichnete, wodurch sie, wenn sie doch, ohne die Werkstätten besucht zu haben, fortschreiben wollen (und dieses unterlassen sie sicherlich nicht), in den Stand gesetzt werden, alles mehr zu individualisieren und auch in einer einfältigen Geschichte doch wenigstens die Illusion so weit zu treiben, als unter diesen Umständen möglich ist. Ein anderer Vorteil eines solchen Buchs wäre dieser: der junge Schriftsteller (ich rede jetzt bloß von dramatischen und Romandichtern) würde desto mehr aufmerksam auf sich und andere gemacht, je minder gemeinplatzartig die Bemerkungen an sich wären, und lernte das, was täglich durch Augen und Ohren in ihn strömt, mehr apperzipieren und erwachte wohl endlich in sich selbst. Ich bin aus vielfältiger Erfahrung überzeugt, daß mancher schlechte Schriftsteller ein sehr guter hätte werden können, wenn er sich, so wie er war, zu nutzen gewußt hätte. Viele beliebte Schriftsteller unter uns haben auch ihren Kredit nicht sowohl ihrem absoluten Werte zu danken, als vielmehr der Schlauigkeit, ihre Wenigkeit vorteilhaft zu präsentieren. Die meisten Menschen sind bessere Beobachter, als sie glauben, und kennen den Menschen besser, als sie wissen, es sind nur die falsch verstandenen Vorschriften anderer, die sie irre führen. Sie machen selbst von diesen Kenntnissen häufig Gebrauch, allein gemeiniglich nur im Handel und Wandel. Sobald sie die Feder ergreifen, so ist es, als wenn der Unsegen über sie käme, und das gemeiniglich desto stärker, je mehr sogenannte schöne Lektüre sie haben. Sie fangen alsdann augenblicklich an, ein Galadeutsch zu sprechen, und alles ist so festlich und buchmäßig, daß gar nichts darüber geht. Wenn sie das ganze Jahr mit ordentlichen, natürlichen Zügen einhergegangen sind, so fangen sie nun so süß und selig an zu schmunzeln wie alte Jungfern, wenn sie sich malen lassen sollen. Es geht ihnen wie jenem Kammermädchen, das, unter ihresgleichen, sich ruhig überlassen, ganz reines Deutsch sprach, aber immer Klopfstock und Trepfe sagte, sobald sie vornehm reden wollte. Einem Werke also, das bei verschiedenen Ständen im menschlichen Leben nicht bloß in Regeln lehrte, sondern durch Beispiele zeigte, worauf man zu achten hätte; eine Menge von Bemerkungen selbst enthielte,

keine allgemeinen, leeren Silhouetten, auf die sich in unsern neuesten Werken fast alles allein einschränkt, sondern Züge und Farben, die der Silhouette Bestimmtheit und Leben geben, könnte, sollte ich denken, der Nutzen nicht fehlen. Ja, der dramatische und Romandichter könnte solche Züge ungescheut nützen, so wie der Chirurgus oder Manufakturist die Entdeckungen des Physiologen und des Chemisten. Dieses wäre kein Plagiat; was man so aus der Natur nimmt, ist nicht gestohlen, die Ehre, es in den gefälligsten Plan zu ordnen und zum Nutzen der Welt anzuwenden, bleibt ihm ohnehin, so wie die Schande des Mißbrauchs. Schwer wäre es alle Mal, ein solches Werk zu verfassen. Vielleicht hat Horaz mit seinem berühmten *difficile est proprie communia dicere* nichts anderes gemeint als eben dieses: dem abstrakten Charakter einer gewissen Gattung, der sich zum Teil schon mit dem Worte erlernt, alle die Bestimmtheit, Individualität und Wärme vermittelt gewisser Zusätze durch plus und minus zu gehen, die sich nicht anders als durch genaue Beobachtung und nähere Kenntnis der Welt finden lassen. Horaz mag indessen gemeint haben, was er will, so macht man den Einsichten desselben wenigstens durch diese Deutung seiner Worte so lange keine Schande, als man wegen des difficile einig ist. Und dieses ist hier der Fall.
Die Beobachtung der geringern Klasse von Menschen, die jedem freisteht, erleichtert aber doch auch von der andern Seite die Sache wieder. Ja, ich glaube, daß sich die höheren ohne Kenntnis der niedrigen nicht einmal gut beobachten lassen. Die Klasse des Pöbels enthält die Originale zu unsern Versteinerungen der höhern Welt. Niemand wird hoffentlich solche Bemühungen lächerlich finden, da ohne Beobachtung fortzuschreiben nicht für lächerlich gehalten wird. Hier einmal wieder hinzusehen, ist, dünkt mich, was es auch sein mag, gewiß nicht unnützer als nach Griechenland zu reisen und das heilige Grab der schönen Künste zu besuchen.
Ich gebe hier unsern Lesern unter Herrn Chodowieckis Beistande eine Probe, wie ich glaube, daß ein solches Werk abgefaßt werden

müsse, um nützlich und lehrreich zu sein. Das Was an sich selbst ist unerschöpflich, und dieses müssen unsere Leser nicht aus diesen Proben schätzen wollen. Ich habe einen guten Vorrat von Bemerkungen liegen. Erhalten diese Beifall und sind sie nicht ohne Nutzen, so sollen die andern künftig nach und nach alle folgen, und zwar so: ich werde das sagen, was ich selbst beobachtet habe, und Herr Chodowiecki wird zeichnen, was Er beobachtet hat. Er wird sich so wenig nach mir richten, als ich mich nach ihm, ausgenommen, wo ich seine Zeichnungen erkläre. Hieraus erwächst unserm Publikum der Vorteil: sollten meine eigenen Bemerkungen schlechterdings nichts wert sein, so wird man mirs doch hoffentlich Dank wissen, daß ich diesen großen Meister bewogen habe, seine eigenen Beobachtungen nach und nach der Welt vorzulegen, nach einem Plane, nach welchem sein, so viel mir bewußt ist, noch nie erreichtes Talent, auch in den kleinsten Figuren Seelen darzustellen, lehrreicher erscheinen muß als in manchem geistlosen Romane, zu dessen Illumination man ihn bestellt hat. Wäre ich so glücklich, hierdurch auch nur einige unserer jungen Schriftsteller zu bewegen, nur erst ein Zehenteil ihrer Empfindelei gegen Hang zur Beobachtung umzutauschen, so hoffte ich, bald das zweite und dritte und endlich gar alles zu bekommen. Denn, ich wiederhole es noch einmal, ohne sich und andere zu beobachten und zu kennen und das Erkannte so bestimmt sagen zu lernen, daß man die Wahrheit, Neuheit und Individualität der Bemerkung auch durch das abgeschliffenste Wort erkennt, dürfen sie keinen Anspruch auf wahren Ruhm in diesem Fache machen. Kein Mensch, der nicht so zu reden jedermanns Heimlichkeiten zu sagen weiß, sollte sich an einen Roman oder ein Schauspiel machen. Ich sage hiermit nicht, daß er es alsdann sollte oder könnte, wenn er dieses kann, sondern nur, daß er es ohne diese Gabe nicht kann. Auch wird ihm ohne diese Gabe alles Lesen der Alten und Neuern nichts helfen. Denn wie kann er nützen, was er nicht mit einem sicher erkannten Originale, es sei nun er oder sein Nächster, zusammenzuhalten weiß. Daher rührt es, daß Leute, die ihren Homer immer studieren, ihren Ossian immer in der Tasche haben und ihren Horaz auswendig wissen, wenn sie selbst zu schreiben anfangen, schreiben, als hätten sie es aus ihrem Hübner oder aus ihrem politischen Redner gelernt. Seinen Homer studieren, ist überhaupt eine Redensart, bei der mich alle Mal ein heimlicher Unwille anwandelt, sie ist das rechte Losungswort der Galanten, Prächtigen, denen im Herzen nichts über einen Musenalmanach geht. Seinen Homer? Ja, ich glaube fast, was mancher studiert, ist sein Homer: der gesprächige erfahrungsvolle Alte, verstellt und verzerrt durch das brechende Mittel des stockigen, unerfahrnen Krafthasen, der ihn studiert: und so hat freilich jeder den seinigen. Zum Beschluß nur ein paar Worte zur Überzeugung auch derjenigen, denen Raisonnement nicht schmeckt. Von Shakespeares und Fieldings Wert sind, glaube ich, auch diejenigen überzeugt, von denen er nicht deutlich erkannt wird. Allein, was taten Shakespeare und Fielding? Bei den großen Talenten und Erfahrungen, die vielleicht im Jahrhunderte nur Einem zuteil werden, fing jener an Schauspiele und dieser Romane zu schreiben, in einem Alter, in welchem unsere Helden aus Verdruß über ihre mißlungenen Unternehmungen sich in das Häusliche zurückziehen müssen, für welches sie vielleicht allein geboren waren. Was die Ausführung unsers Vorhabens selbst betrifft, so sehe ich freilich voraus, daß wir uns mancher Deutung aussetzen werden. Wir können aber aufrichtig versichern, daß wir nie auf einzelne Personen Rücksicht nehmen wollen. Kaffeeschwesterliches Gezischel muß sich indessen so wie das deutende Gemurmel der sich immer getroffen findenden hochmütigen Schwäche jedermann gefallen lassen. Es ist unmöglich, die Fackel der Wahrheit durch ein Gedränge zu tragen, ohne hier einen Bart und dort ein Kopfzeug zu versengen, und verdrießliche Auslegung von Satiren muß man immer erwarten, solange man die Gegenstände dazu nicht aus dem Alten Testamente nimmt.

Die Bedienten

a) männliche

A) Probe von Bemerkungen für den Dichter

Die Bedienten, worunter ich alles verstehe, was wenigstens zuweilen Livree trägt oder tragen sollte, von dem nettsten Kerl an, der seine Bildung hinter den Stühlen des ersten Speisesaals der Welt empfangen hat, bis zu dem ungehobelten Bauernjungen, der noch im Kamisol mit Aufschlägen das Apportieren lernt, sind nicht die letzten Menschen, auf die der Dichter zu sehen hat. Es ist diejenige Klasse, bei der Kopf und Schwanz im Zirkel der menschlichen Gesellschaft einander fassen, und unter deren Einfluß gemeiniglich diejenigen wieder mehr oder minder stehen, die sonst keine Befehle erkennen. Die langen Arme der Großen, sich selbst überlassen, sind daher bei weitem nicht so furchtbar als die verzwickten kurzen ihrer Kammerdiener. Sie sind daher in Schauspielen und Romanen vortrefflich zu gebrauchen, Streiche durchzusetzen, wo viel Kraft mit Unverstand nötig ist. Ein Zement in der Verbindung von Begebenheiten, das alles zusammenhält, was sonst nicht halten will. Schreiben kann man gemeiniglich über sie, was man will, denn sie lesen und rezensieren entweder nicht, oder sie machen sich eine Ehre daraus. Verweis, wenn er nur ihre Wichtigkeit zu erkennen gibt, ist ihnen lieber als Lob oder vielmehr allein Lob in einem gewissen Alter wenigstens. Fehlen können, heißt bei ihnen independent sein, und was ihre Herrschaft nicht erfährt, so viel als hätte sie es zugegeben. Sie rühmen sich daher immer untereinander ihrer Unordnungen, und wenn sie keine begangen haben, so werden sie erdichtet. Der Keller und die Dame vom Hause sind die wichtigsten Gegenstände, die Küche und die Kammermädchen die nächsten. Wer das nicht tut, ist ein Knasterbart oder ein Pinsel u. s. w.

Sie sind mehr oder minder immer die Spiegel ihrer Herrschaften. Die Alten gleichen ihnen oft völlig. Der Koch des Pompejus sah aus wie Pompejus, und ich habe einen ähnlichen Fall gesehen. Es läßt sich nur schwach erklären, aber es ist wahr. Im Gehen, Stehen und Tun haben die jungen Hofleute, leichtsinnige Spieler, junge Nachtschwärmer und Räuber der Unschuld die feinsten. Unter ihresgleichen sind diese ihre Herren völlig, nur muß man sie nicht sprechen hören. Hier bleiben sie zurück, und was bei der Herrschaft bloß Mangel an Kenntnissen ist, zeigt sich bei ihnen bis auf die Sprache. Dieser Hauptartikel wird in Schauspielen und Romanen äußerst vernachlässigt und stört oft alle Illusion. Die alten treuen Bedienten sind da gemeiniglich geschwätzige, weinerliche Moralisten, und die jungen untreuen sprechen wie Leute von Stande, die sich mit affektierter Herablassung ein paar Stufen von Liederlichkeit hinunterstellen. Machen nicht junge Kavaliere den schleppenden Postillion mit schmierigem Stiefel, klirrendem Sporn und unsymmetrischer Frisur? Das machen die Bedienten auch freilich und wohl natürlicher. Allein im Sprechen steigen sie aufwärts, so wie der Herr in Handlungen herunter, aber mit sehr ungleichem Glück.

Sie fangen ihre Perioden oft mit sondern an; sie sagen vielmehr, wo keine Vergleichung, und teils, wo es keine Teilungen gibt, vergessen also auch das Zweite. Mancher sagt erstlich, gleich darauf drittens, viertens und dann zweitens, dieses hat Shakespeare genützt. Man wird mir hoffentlich nicht vorwerfen, daß dieses den Bedienten nicht allein eigen sei. Ich weiß dieses, ich bringe es aber unter ihre Klasse, weil sie es auch tun und ich mich künftig mit ähnlichen Klassen nicht viel abgeben werde. So etwas ganz in einem Charakter durchsetzen, tut eine unglaubliche Wirkung, aber es ist sehr schwer und erfordert viel Erfahrung. Fieldings Partridge ist hierin das größte Meisterstück, das ich kenne. Ich gebe daher noch einige Beispiele, alle aus eigener Beobachtung. Die feinen unter ihnen wissen ihre Ausdrücke oft auf eine eigene Art zu reinigen. Es ist jetzt sehr viel Unkot in dem Gäßchen, sagte einmal einer, mit einer Miene, mit der er selbst das schon gereinigte Unkot noch mehr säuberte.

Er ist immer außer sich bei solchen Gelegenheiten, warf ein Herr seinem Bedienten vor. Erlauben Sie gehorsamst, war die Antwort, ich hatte wirklich meine ganze Abwesenheit beisammen. Er fängt an mit: will ich sagen und in der Hitze des Vortrages spricht er: sagt' ich. Die gemeinen Leute in England, wenn sie etwas erzählen, füllen alles mit says I und says he an.

Subtile Verwechslungen: Er hat noch kein Blut gerochen (statt Pulver); er hat ihn blutdürstig geschlagen; ein totaler Feldzug; die Garnison ist geräumt worden; ohne allen Respekt zu sprechen, statt mit Respekt. Da nun, wo Gott für sei, der Fall geschehen ist u. s. w. Auch gröbere, die genutzt und nachgeahmt werden können. Seine Füße hatten keine Portion zum Körper. Die königl. Sozinität zu Berlin, sagte einmal der Bediente eines Gelehrten u. s. w. Bringt desto mehr Französisch an, je weniger er weiß, und ist es nur ein Wort, so kommt es sehr oft.

Mein Herr, sagen sie von ihrem Herrn, wenn sie nicht bei ihresgleichen sind, unter sich sagen sie bloß Meiner. Meiner hat heute wieder gebrummt; meiner schläft noch, zumal ist dieses unter den Deutschen gebräuchlich. Ob es wohl auch ein Zeichen von deutschem Freiheitsgeist ist? Unser kommt ebenfalls häufig vor. Ach! unser Hut ist gestern in die Gosse gefallen, sagte ein Junge von dem Hute seines Herrn, der die Familie viel gekostet hatte. Zuweilen heißt auch Wir nur so viel als meiner. Wir müssen bald heiraten, sonst gehts nicht gut.

In ihren Suffixis sind sie gemeiniglich sehr umständlich und unglücklich: Sie sagen Mitleidigkeit, Interessantigkeit, Melancholichkeit und endigen auch wohl gar, um sicherer zu gehen, in-ungichkeit. Sie haben verschiedentlich eine dunkele Vorstellung von unserer hohen Prosa und nennen es vornehme Gedanken, gravitätische Redensarten und reputatische Wörter.

Übrigens gibt es unter ihnen Staatsleute, Juristen und Theologen so gut als Jäger und Läufer, und jede Klasse hat wieder ihre eigenen Mischungen. Regierende, Steigende, Fallende, Abgedankte, Dienstsuchende, alles Ihr Gnaden und Hochwohlgeboren Nennende und sich immer Bückende, das sichere Zeichen, daß der schwankenden Staude die stützende Stange gebrochen ist; Schmierige und Kerle wie die Engel, denen man die Vertraulichkeit mit der Dame ansieht; junge noch unabgerichtete Pudel und alte treue Familienstücke, die nur zum Totfüttern im Gesindestall stehen; lange aufgeschossene Don Quixote mit geerbter oder ertrödelter Livree, die ihnen immer zu weit und zu lang oder zu enge und zu kurz ist; fette Hämmel unter geputzten Schäfchen mit Berlocken u. s. w.

B) Für den Schauspieler

Er liest gern Federn vom Hute und hascht Fliegen wie ein Sterbender, dreht den Hut vor dem Nabel wie eine Windmühle. Dieses muß sparsam gebraucht werden. Poliert Knöpfe mit dem Rockärmel oder bürstet den Hut damit oder einen Ärmel mit dem andern oder eine Wade mit der andern.
Überhaupt hält er viel auf Beine und Waden, weil eine Tradition unter ihnen ist, daß einige dadurch ihr Glück gemacht hätten.
Macht sich, wenn er bei Geringeren ist, mit ausgespreizten Beinen kleiner, als er ist, und spricht wichtig. Dieses tun zuweilen sogar die Kurzen, wenn sie bei Langen stehen.
Schlägt, wenn er seidene Strümpfe anhat, Stechfliegen mit großem Anstand auf den Waden tot.
Faßt seinen Kameraden in der Erzählung bei den Rockknöpfen.
Stößt bei seinen Scherzen seinen Kameraden mit dem Zeigefinger in die Seite, um ihm den Beifall und das Lachen zu erleichtern.
Zeigt gern ein schönes Schnupftuch und sieht nach gemachtem

Gebrauche hinein, nach Art seiner schwindsüchtigen Herrschaft. Horcht an der Uhr, die ihm doch immer zu geschwind geht, als wenn sie zu langsam ginge.

Der Hut verdiente bei ihnen eine eigene Betrachtung. Denn da die Art des Schnitts bei ihnen von dem Herrn abhängt und die Art, ihn gelegentlich zu setzen, von ihnen selbst, so ereignet sich dabei oft der seltsamste Kontrast. Der Hut zu einer Domdechantenlivree, zugleich zum Staat und wider den Hieb, läßt niedlich, wenn er alle die kleinen Nachlässigkeiten eines Wünschhütchens mitmachen soll. Übrigens muß er allezeit so sitzen, daß die affektierte Liederlichkeit zu viel Stirne, die affektierte Stille aber oder der Hochmut zu viel Seite sehen läßt. Je stiller die Menschen sind, desto mehr nähert sich der Hut der horizontalen Lage, und je weiser sie sind, desto mehr tritt die Griffspitze desselben über die Nase. Die größten Meister, die ich hierin gesehen habe, sind Garrick und Lewis in Coventgarden. Der erstere als Archer in *The Beaux' Stratagem* und als Don Leon in *Rule a Wife and Have a Wife* und der letztere als Chapeau in *Cross Purposes*. Von Garrick als Archer habe ich im Deutschen Museum einmal eine Nachricht gegeben. Als Don Leon verstellt er sich ebenfalls wieder zum Bedienten, macht aber nicht den Stutzer in Livree, sondern den unerfahrenen, unschuldigen Halbtölpel, der keinen Finger biegt, so lange er neue Handschuhe anhat, mit parallelen Füßen einherschreitet, das moralische Gewicht seines Bortenhuts balanciert, als wäre es physisch, und überhaupt die Pracht desselben bis in die Schultern herunter zu fühlen scheint.

Ich kann nicht sagen, ob dieses Stück auf das deutsche Theater gebracht ist, so viel ist gewiß, ein Schauspieler kann hier so viel Talent anbringen und Weltkenntnis zeigen als er nur immer hat, und wäre es auch noch so viel. Ich habe es nie gelesen, sondern nur ein einziges Mal aufführen sehen, habe es auch jetzt nicht bei der Hand. Ich gebe also nur kurz die Rolle des Don Leon aus dem Gedächtnisse. Eine vornehme Dame will zum Deckel ihrer Liebeshändel mit einem Grafen einen schlechten einfältigen Menschen heiraten, den sie hernach, was das Schlechte betrifft, schon standesmäßig zu heben gedenkt, allein klüger will sie ihn nicht machen. Dieses steckt die Schwester des Don Leon ihrem Bruder als eine vortreffliche Gelegenheit, die reiche Dame zu erwischen; er gibt sich also unter vielen andern auch bei ihr an, und zwar unter der Maske eines unerfahrnen dienstlosen Bedienten. Er erscheint vor der Dame, die ihre Freundinnen bei sich hat, welche mit erkennen helfen sollen. Seine Präsentation ist kümmerlich, mit einem langen Stocke, demütigem Rücken und einer Blödigkeit, die über alles geht. Wie er die Damen ansichtig wird, fällt ihm der Hut, und indem gerettet werden soll, der Stock; auf einem gewichsten Fußboden wäre er wohl gar selbst hintendreingefallen, Mangel an Gleichgewicht war hinlänglich da. Dieses war ein herrlicher Anfang für einen Deckel zu Liebeshändeln, zumal da der Tölpel nicht übel aussah. Er erhielt auch gleich Beifall. »Komm küsse mich«, sagt die Dame. Dieser Befehl bringt ihn einen halben Schritt näher zur Tür und sein Gesicht und Rücken über zwei Drittel von der Dame ab, und er unterhält sich, wie man leicht denken kann, indessen hauptsächlich mit seinem Bortenhute. Närrchen, du mußt nicht blöde sein, ich will dir ja nichts tun, komm, küsse mich. Hierauf nähert er sich endlich, und sobald das schwere Geschäft vorüber ist, geht er heimlich froh nach der alten Stelle an der Tür und fährt in der Unterhaltung mit seinem Bortenhute fort. Dies alles tat Garrick mit einer solchen Natur, daß man sich ganz darüber vergaß und es mir unbegreiflich ist, wie ein so wohlgezogener ausgebildeter Körper wie Garrick solchen Vorstellungen gehorchen konnte. Weiter gehört eigentlich diese Rolle nicht hierher. Allein, da sie von vielen für eine der größten Künste dieses Mannes im Komischen gehalten wird, so will ich die Schilderung vollenden. Die Heirat wird richtig, und was wird da? Der Tölpel verschwindet allmählich, so wie der Kavalier auskriecht, und Garrick schleicht, wie die Geschöpfe im Nilschlamm, halb

Tier und halb Erdenkloß, herum. Nicht mehr blöde, aber submiß, billigt nicht alles, aber gehorcht noch aus Erkenntlichkeit, ist noch oft stumm, aber nachdenkend. Die Dame bemerkt dieses mit einer sehr zweideutigen Gemütsverfassung. Aber der Plan soll durchgesetzt werden. Sie kauft ihm eine Offizierstelle, und er soll nach Minorca. Auch das läßt sich die gute Seele gefallen. Allein einmal, da er mit seiner Dame spricht, hört man ein starkes Pochen in dem Nebenzimmer. »Was ist das, mein Schatz?« fragt die Dame. »Ich lasse die Spiegel und Bilder abnehmen.« »Warum denn das?« »Wir wollen sie mitnehmen.« – »Warum denn mitnehmen, lieber Schatz, ich bleibe ja hier.« Nun erhebt sich Don Leon mit unbeschreiblichem Anstande und liebreichem Ernste. »Nein, mein Engel«, sagt er, »wo ich hingehe, da mußt du mit.« Der Donnerschlag war freilich dem Grafen empfindlicher als der Dame. Er gebietet ihr darauf, in die Nebenstube zu treten, und als ihr der Graf mit einem verächtlichen Blick auf den Bedienten in Uniform nachfolgen will, so besteigt er nun den Gipfel seiner Rolle und erscheint als Don Leon, stößt den Grafen zurück, setzt seinen Hut mit großer Würde auf und legt die Hand an den Degen. »Fort«, sagt er, » dort hinaus liegt Ihr Weg, Herr Graf«, und zeigt ihm mit einem Kopfnicken die andere Tür. Das Stück endigt sich sehr vergnügt für die Dame, denn sie merkte nun, daß sie einen Mann von Ehre geheiratet und einen Pinsel von Buhler verloren hat.

Chapeau in den *Cross Purposes* ist gerade das Gegenteil von dem verstellten Don Leon und das höchste Ideal von raffinierter Bedientenliederlichkeit. Herr Lewis, der ihn macht, und so ein Mann muß ihn machen, ist ein vortrefflicher Schauspieler, jung, breitschultrig und schön. Chapeau (es ist noch früh morgens) geht in einem leichten fliegenden grünen Westchen, worunter noch ein seidenes ist, mit seidenen Beinkleidern und weißen seidenen Strümpfen. Bei allen seinen Tritten sieht man, daß er die Augen des Geistes auf seine Figur gerichtet hat, die er meistermäßig zu tragen weiß, und fühlt, wie schön er ist; er trinkt mit einem Laffen von Kameraden, der, wie er sagt, sich den Tee abgewöhnt hat, Schokolade, spricht in dem feinsten Hofenglisch, unter kleinen Flickschwüren und Modesentenzen der Spieltische, von Galanterien und hohem Spiele, schnupft mit gefälligem Leichtsinne, kommandiert die kleinen Pudel des Hauses, und er selbst hört indessen der Glocke seines Herrn, der ihm klingelt, mit einer Ruhe zu, als würde ihm ein Ständchen gebracht. Wehe der jungen Unschuld, wenn ein solcher Kerl zwischen ihr und dem Laster zum Unterhändler wird. Nächst Garricks Archer ist dieses das Vollkommenste, was ich in dieser Art gesehen habe. Ich breche hier diese Schilderung ab, man tut sich keine Genüge und wird am Ende doch nur von denen verstanden, die es schon wissen. (Die weiblichen Bedienten künftig.)

Orbis Pictus

Erste Fortsetzung

Charaktere für den Roman oder das Schauspiel so zu individualisieren, daß der Leser, auch wenn man die Namen davor wegstriche, dennoch die Person jedesmal erkennen müßte, wie man von Shakespeares Heinrich IV. behauptet, ist eine sehr seltene Kunst. Ich sage mit Vorbedacht selten, denn wirklich ist, so schwer auch die Sache an sich selbst sein mag, doch gewiß die Seltenheit größer als die Schwierigkeit. Es liegt von der Gabe, hierin glücklich zu sein, nach meiner Beobachtung in jedem Menschen sehr viel mehr als er selbst weiß oder wenigstens anzuwenden imstande ist, sobald er die Feder anfaßt. Die Ursachen davon, so viel wenigstens hierher gehört, zu entwickeln, behalte ich mir vor und führe nur einige Hauptumstände an, die das Verderben der meisten sind: Eingebildete Impotenz wirkt reelle, dieses ist der seltenere Fall bei unsern Romanschreibern; vorsätzliche Spannung wirkt Über-

spannung, das ist der gemeinere; und Mangel an Philosophie und Menschenkenntnis gebiert konventionelle Phraseologie und macht Alltagsschriftsteller, das ist der gewöhnlichste Fehler. Ich habe nicht selten Leute schlecht schreiben gesehen, die in einer vertrauten Gesellschaft vortrefflich sprachen, und die, die besser träumen (im Schlaf) als sie schreiben, findet man überall. Im Traume des gemeinsten Menschen spricht der Undeutliche undeutlich und der Geheimnisvolle geheimnisvoll, oft recht zur Qual des Träumenden selbst, der doch der Urheber von allem ist, und der, wenn er wachend so etwas schreiben sollte, sich gewiß die Qual sehr erleichtern, aber auch dafür wieder als gemeiner Phraseologe einhertreten würde.
Ich überlasse die Auflösung dieses psychologischen Problems, die nicht sehr schwer ist, dem Leser selbst. Findet er sie, so wird er bald auch erkennen, was er zu tun hat, um einen Charakter so fest mit der Feder zu zeichnen, als er ihn im Traume handeln läßt, wenn es ihm nämlich nicht gänzlich an dem fehlt, was man sich hierbei zwar nicht selbst geben, aber auch gar wohl besitzen kann, ohne es zu wissen. Das erste ist auch hier das Nachzeichnen, ehe man sich ans Schaffen macht. Don Quixote, Sancho, Falstaff und Pastor Adams haben vermutlich alle existiert. Daß sie im Leben nicht alles das getan haben, wovon ihre verewigten Geschichtsschreiber reden, rührt bloß daher, daß sie nicht Gelegenheit gehabt haben, es zu tun. Parson Adams lebte vor nicht gar langer Zeit noch in England, der Vicar von Wakefield wird noch jetzt hier und dort anzutreffen sein, und selbst Falstaff existiert noch unter der Klasse von Menschen, die man dort Jolly Dogs nennt.
Herr Engel hat, wo ich nicht irre, in seinem Philosophen für die Welt, zu einer andern Absicht geraten, bekannte Charaktere, z. B. den von Marinelli, vor sich zu nehmen und nun eine Erziehung eines Menschen dazu zu erdichten, wie sie beschaffen sein muß, um zuletzt einen Marinelli aus ihm zu machen. Dieses ist gewiß ein vortrefflicher Gedanke, und wer sich an den Handel macht, wird

wenigstens bald finden, was für Artikel in seinem Warenlager fehlen und notwendig erst angeschafft werden müssen, ehe er weitergeht. Leichter wäre es vielleicht anfangs, sich bloß den Marinelli in einer andern Lage von Umständen zu denken, z. B. als Oberaufseher über eine Erziehungsanstalt für junge Frauenzimmer; oder als Exjesuit voll Range in einem Lande, wo man anfängt, den Leuten ihre in Beschlag genommene Vernunft wieder zurückzugeben. Den Falstaff könnte man sich vor der Inquisition denken (die freilich eine bloß angestellte sein müßte), um einmal den Besserungsplan zu hören, den er sich fürs Künftige entwerfen würde, und die Buße und Bekenntnis der Sünden. Kann dieses ein Schriftsteller nicht so, daß er damit den Beifall eines Kenners erhält, so muß er wohl vom Roman und Schauspiel wegbleiben, wo ja, was er also nicht kann, doch auf jeder Seite gezeigt werden müßte, wenn er anders auf wahren Ruhm hierin Anspruch machen will. Es hierin allgemein weit zu bringen, dazu gehören freilich shakespearische Anlagen, Verbindungen und Zeiten in der Welt, die vielleicht nur beisammen so selten gesehen werden. Man muß aber von der andern Seite auch bedenken, daß man durch Fleiß immer ein sehr guter Porträtmaler werden kann, wenn man auch gleich nicht die natürliche Anlage jenes Reisenden dazu hat, der Voltaires, den es nur einmal gesehen hatte, Silhouette gleich vor dessen Haustür in den Schnee pissen konnte.

So viel nur über die Schwierigkeit, die die völlig bestimmte Darstellung der Personen hat, zu deren Erleichterung ich nur etwas wieder beibringen will. So kann der Leser, dem ich nicht einmal Nachschlagung des 3ten Stücks dieses Magazins im 1sten Bande, viel weniger Erinnerung an den Inhalt desselben zumuten kann, doch meine Absicht bei diesem Unternehmen wieder erkennen. Ich schränkte mich dort bloß auf den Ausdruck der Personen, sowohl in Worten als Gebärden und einiges in ihrer Art zu handeln ein, das mir vorgekommen, und auch diesem nur liefere ich nun Beiträge, um den Beobachter aufmerksam zu machen. Mit den

Verschiedenheiten des Temperaments und der Laune habe ich hier nichts zu tun.

Ich habe schon erinnert, daß ich für einen Hauptfehler der meisten Romanschreiber und dramatischen Dichter halte, daß sie in die Sprache ihrer Personen, und zumal der geringeren, so selten die verwirrte Philosophie dieser Leute und die unbestimmte Wörterkenntnis einmischen, die sich doch im gemeinen Leben, sobald sie nur etwas über den Alltagsdienst hinausgehen, augenblicklich zeigt. Bei dem gemeinen Mann in Niedersachsen ist offenbar nicht bloß die Sprache platt, seine Philosophie ist es auch, man findet sie nicht bloß in seinem Urteile über den Krieg, sondern über jeden Vorfall des gemeinen Lebens. Es gibt wenig Menschen, die nicht im gemeinen Leben unvermerkt über das hinausgehen, was sie verstehen, der vernünftige Mann freilich tut es entweder nie oder doch nicht da, wo man Ernst von ihm verlangt; das gemeine Volk aber jeden Augenblick; und selbst so wie schlechte Schriftsteller sich oft am klügsten dünken, wenn sie in Worten reden, die sie nicht verstehen, ebenso redet das gemeine Volk oft allen Vernünftigen unverständlich, gerade wenn es gut reden will, und dieses bloß, um das Vergnügen zu genießen, einen Augenblick sich selbst weise und vornehm vorzukommen. Ein Charakter, so durchgeführt, gefällt auch, wenn man ihn nicht einmal als Triebwerk zu einem großen Zweck betrachtet, allen Menschen, hohen und niedrigen, und denen doppelt, die die Kunst bemerken, die darin verborgen liegt. Der Beifall ist unausbleiblich. Das Kammermädchen der Sophie und Patridge im ›Fündlinge‹ erhalten dadurch das Anzügliche, sehr vieles aber geht in Übersetzungen verloren und ist kaum möglich beizubehalten, wenn man nicht, statt Sprache in Sprache zu übersetzen, auch Sitte in Sitte übersetzt. Ernstliche Aufmerksamkeit auf die Sprache der Menschen aller Stände und Vergleichung ihrer Fehler mit ähnlichen in der höhern Welt gewährt gewiß größeres Vergnügen, als mancher glaubt, der dieses zum ersten Male liest, und ist für unsere Absicht das sicherste und einzige Mittel wider das gemeinste, wiewohl das gröbste Vergehen der Romanschreiber – da nämlich alle Personen denken und reden wie Se. Wohlgeboren – der Herr Verfasser.

Die Bedienten

b) weibliche

A) Probe von Bemerkungen für den Dichter

Sie sind in der Komposition, des Romans zumal, von unglaublicher Wichtigkeit. Es wird selten eine Geschichte gut detailliert und gehörig gemischt werden können, ohne etwas aus dieser Klasse hineinzuschmeißen. Wir reden hier von der mittlern Klasse, die das Kammermädchen und einige Stufen unter ihr begreift. Es ist also hier die Viehmagd so gut ausgeschlossen als die dienende Dame am Hofe, aus deren Nähbeutel das Schicksal nicht selten Fäden herholt, Weltbegebenheiten aneinanderzuknüpfen.
Sie sind in großen Städten gemeiniglich sehr fein, weil sie mit Feinheit und hier und da sogar mit Schlauigkeit gewählt werden; man darf nur an solchen Orten etwas weniger Erfahrung mitbringen, um einzusehen, daß jedes Kammermädchen das Paradigma abgeben könnte, eine Hofdame darnach zu deklinieren. Die feinsten darunter gehören auch daher mehr in jene Klasse als hierher. Doch grenzen sie durch Niedrigkeit der Herkunft oft an die folgende Stufe, die mehr hierher gehört.
Sie besitzen mit einem großen Teil des weiblichen Geschlechts, zumal sobald sie die Tanztarantel gestochen hat, oft in einem hohen Grade die Gabe, sich dumm zu stellen, ehe sie klug sind; das, was sie nicht verstehen, so anzuhören, als verständen sie es, und was sie verstehen, als verständen sie es nicht; die Gabe, auf den

nicht hinzusehen, den sie nur allein gegenwärtig fühlen, und mit dem freundlich zu tun, von dem sie sich kaum bewußt sind, daß er gegenwärtig ist; mit einem Worte die ganze Kunst, auszustreichen, auf daß und damit man es lese, wie einige Leute in ihren Briefen die Gewohnheit haben, ist ihnen bekannt. Einen Seufzer zu verhusten, ist ihnen sehr früh eine Kleinigkeit. Man irrt sehr, wenn man alle diese Züge nur in der höhern Welt sucht, dieses verstehen sicherlich Personen, die lebenslang 20 mit der Null voran und Michl in ihren Hausrechnungen, wenn sie welche für sich führen, statt Milch schreiben, auch wohl gelegentlich behaupten, es sei recht. Es geht weit, und würde unmöglich sein, wenn es studiert werden müßte; so aber ist es die Geometrie der Spinne, die weder von Geometrie noch von Absicht etwas weiß; genug, es fehlt ihr was, und ein dunkles Gefühl belehrt sie, daß dieses Etwas über kurz oder lang in ihrem Netz hängen bleiben wird.

Sie haben einen unwiderstehlichen Hang, ihr künftiges Schicksal zu wissen oder, welches auf eins hinausläuft, das Alter, die Schönheit und den Stand ihres künftigen Bräutigams. Sie tun unglaublich viel, es zu erfahren. Sie ziehen Karten, stechen Sprüche, zupfen Blumenblätter aus, bei welchen sie die Namen der Wahlfähigen hersagen. Sie kochen, braten, backen Weissagungen an gewissen Tagen und Stunden des Jahres; sie ließen lange vor Montgolfier Montgolfieren aus angezündetem Flachs in den Spinnstuben steigen, um etwas Künftiges zu erfahren, schämen sich, daran zu glauben und gehen mit dem Glauben daran zu Bette; sie suchen vierblätterige Kleeblätter und legen sie in die Gesangbücher, um sich in der Kirche daran zu erbauen, wenn nichts Bessers zu tun ist; sie tragen doppelte Nüsse und Haselnüsse bei sich oder verwahren sie in ihren Kisten und Kleiderschränken. Selbst ihre Nähpulte enthalten daher gemeiniglich etwas, was nicht hineingehört, wenn es auch nur Erbsen oder Salz wäre. Wenn sie Geduld haben, ein Punktierbuch verstehen zu lernen, so ist es fast das einzige, was ihnen den Mangel dessen einigermaßen ersetzt, was sie zu expunktieren trachten. Diese Bücher sind für sie ganz unschädlich, denn sie punktieren fort, bis die günstige Antwort erscheint, und dann ist alles gut. Zur Sprachverwirrung und Philosophie des Standes gehört:

Das liebe Gewitter hat eingeschlagen.
Ich werde mich bisher besser aufführen, als ich hinführo getan habe.
Du liebste Zeit! (dear me!) kommt allen Augenblick vor, wenn eine Stadtneuigkeit verschlimmert werden soll, wozu dieses Geschlecht mehr beiträgt, als man glaubt.
O Madam! Es ist der guteste, besteste, schöngewachsenste junge Herr, so sprechen die Redseligen.
Von einem Offizier sagt eine: Ach, es ist ein gar bequemer, theologischer Herr (sie wollte überhaupt Gutmütigkeit ausdrücken).
Von zweien, die aus der Oper kamen, konnte die eine die glitzernden Schmelzschuhe einer Jungfer Kastratin nicht vergessen, und die andere sprach noch ein paar Tage von einem scharmantschönen Baßkastraten, der den Ju-Pitter vorgestellt hätte.
Eine dritte hatte eine Kutsche mit zwei scharmanten Mätressen vorbeifahren sehen. (Diese war von geringerem Stande.)
Den Kerl möcht ich nicht haben, der ist ja so schwarz wie ein Mohrenbrenner. (Das Wort ist, wie man sieht, aus Mohr und Kohlenbrenner zusammengesetzt.)
Ja reden Sie mir nur nicht von dem Menschen, ich kenne die Hämmel in Schafskleidern. (Soll heißen Wölfe.)
Ich weiß nicht, die Französin sieht seit einiger Zeit so ungelblicht aus (aus ungesund und gelblicht). Dieses habe ich selbst gelesen und las anfangs ungebleicht. Eine, die krank gewesen war, sagte, als sie sich besserte, sie hätte nun wieder Neigung zum Appetit.
Eine Hiesige nannte die mediceische Venus auf der Bibliothek die medicinische Venus und ein aisches Ding, weil sie nackend ist.

Eine andere nannte eine Köchin, deren lediger Brotherr verstorben war, ohne damit spotten zu wollen, eine verwitwete Hausjungfer.

Er ging gesund zu Bette, und als er diesen Morgen aufstehen wollte, war er tot.

Zum wenigsten wird öfters statt sogar oder zum teuersten von ihnen gebraucht: zum wenigsten das Wasser in der Wohnstube war gefroren.

Helfen Sie mir doch sagen, was das ist, anstatt sagen Sie mir doch u. s. w.

Das Witzigste, was ich noch von dieser Klasse sagen gehört habe, war, daß einmal eine, etwas aufgebracht, von einer andern sagte: Was will denn das dicke, zweischläfrige Mensch. Dieser Ausdruck würde den Falstaff nicht geschändet haben, wenn er ihn von der Wirtin gebraucht hätte.

Wenn sie jung und gesprächig sind, so sind sie gewöhnlich unerschöpflich, sobald sie Kinder auf den Armen haben, und selbst die jüngsten und völlig unschuldigen sprechen und handeln alsdann mit einer Art von Begeisterung, und die Biegsamkeit unserer Sprache gibt ihnen dazu Raum genug; alles verkleinert sich mit dem Kinde:

Guten Morgelchen, mein Engelchen!* Prositchen, mein Herzchen! (wenn das Herzchen nieset); Adjeuchen! O du lieber Göttchen! hörte ich einmal, da sich das Kind wehgetan hatte; in Frankfurt einmal: Sieh Wilhelmchen, das ist dein klein *Ma Sœur*chen! So

* Ich kann bei dieser Spielerei nicht umhin, über eine andere Eigenheit unsrer Sprache eine ernsthafte Anmerkung zu machen. Es ist ein rechter Favoritspott der Ausländer, zumal der Engländer und Franzosen, über unsere Sprache, daß sie sagen, es sei töricht von uns gehandelt, zu Einer Person, bald Du, bald Er, bald Ihr, bald Sie zu sagen. Ja, Deutsche, und noch ganz neuerlich ein sehr guter Kopf, geben ihnen darin recht. Letzterer sagt: die Engländer, indem sie alles mit You anredeten, gingen in einer Torheit (nämlich der, eine Person in der mehreren Zahl anzureden) doch nur halb so weit als wir. Ich muß gestehen, daß ich dieses nicht glaube, und ich hoffe, der Leser wird mir am Ende recht geben. Es ist alle Mal hart und unbillig, verjährten Sprachge-

brauch, den der Weiseste nicht ändern kann, eine Torheit zu schelten, und fast unverzeihlich, wenn eben in diesem Sprachgebrauche sehr viel mehr verborgen läge, als sich manche Tadler vielleicht vorstellen. Der Tadel kann sich nicht darauf beziehen, daß wir eine Person so anreden, als wären es mehrere, denn das tun jene Nationen selbst, er bezieht sich also entweder auf unsere größere Mannigfaltigkeit hierin oder darauf, daß wir, um diese Mannigfaltigkeit zu erhalten, die Personen, die wir anreden, auch als dritte betrachten, indem wir Er und Sie sagen. Ersteres ist sicherlich kein Fehler, so lange mit der Mannigfaltigkeit der Zeichen auch Mannigfaltigkeit der Begriffe verbunden ist, und dieses ist gewiß hier der Fall. Wir unterscheiden in Verhältnissen zwischen Menschen gegen Menschen sehr viel feiner als andere Völker, und dieses, der Grund davon liege nun in deutschem Familienstolz oder deutscher Philosophie, ist alle Mal ein großer Gewinn für die Sprache überhaupt, wie wir gleich sehen werden. Letzteres, wenn es Tadel verdient, verdient ihn nicht mehr als jede Vieldeutigkeit der Wörter, wovon es in allen Sprachen wimmelt; denn kein Deutscher, der mit jemanden durch Er und Sie spricht, denkt sich dabei noch dritte Personen. Diese Wörter sind also weiter nichts als alte Zeichen, auch für neue Begriffe beibehalten, welches freilich zuweilen Zweideutigkeit verursachen kann, so wie tausend Wörter in allen Sprachen der Welt es können; so wie sie auch bei Vous und You und dem M stattfinden, das bei uns allerseits bald 1000, bald Monsieur und Magister bedeutet. Das ist eine Kleinigkeit. Hierüber geht aber auch der Spott nicht her, sondern über jene Mannigfaltigkeit und die Subtilität in der Unterscheidung, und mich dünkt, einen solchen Tadel kann sich ein philosophisches Volk wohl gefallen lassen. Dafür können wir nun aber auch mit unserm Du, Er, Ihr, Sie, mit einer einzigen Silbe Verhältnisse von Menschen ausdrücken, wovon der Engländer und Franzose gar keinen Begriff hat oder wenigstens keinen bestimmten: weil ihm das Zeichen dazu fehlt. Sie sehen es auch alle ein, sobald sie die Sprache vollkommen verstehen, zum sichern Beweis, daß der Tadel sich auf Unwissenheit gründete oder auf Trägheit, eine Schwierigkeit zu überwinden. Echt deutsche Romane sind daher diesen Nationen unübersetzbar. Ich möchte wohl wissen, wie sich der Engländer die Verachtung ausdrücken wollte, die das Er mit sich führt, wenn ein Vorgesetzter zu jemanden, zu dem er sonst im Dienste Sie zu sagen pflegte, nun, da er ihn auf einem Betrug ertappt, mit Er anredet, das kaum vor der völligen Überführung angeht und schon zur Strafe gehört. Oder wenn Leute von Stande in Streit geraten und einer den andern fragt: hör er, was will er? oder von der andern Seite das liebreiche scherzende Er zwischen Personen, die sich gewöhnlich duzen, ferner die mannigfaltige Treuherzigkeit in unsern Ihr? Ja selbst das seelenverbindende Du, wenn es zumal zwischen Personen von verschiedenem Geschlechte aus dem Sie erwächst, ist für ihn verloren, denn sein Thou ist entweder feierlich wie im Gebet oder dichterisch oder drollig oder quäkerhaft. Er muß sich mit Umschreibungen helfen, aber das Umschreiben haben wir alsdann entweder zu gut oder können es im Fall der Not auch so gut als Ausländer und die Wilden.

geht es durchaus mit *nominibus, verbis, adverbiis etc.* Es läßt sich aber besser denken als schreiben oder lesen. Es ist überdem leicht und überhaupt von seltenem Gebrauche, es wäre denn, daß eine einmal zu einem wichtigeren Zweck aufgeführt würde und nur die Bedenkzeiten der andern Personen mit solchem Spiele unterbräche oder auch sich selbst Herz damit zu geben, etwas, ohne sich mit Mienen zu verraten, entweder zu sagen oder anzuhören.

Überhaupt ist ihnen eine Gesprächigkeit von der Art derjenigen, durch die das Kapitol gerettet wurde, sehr eigen, hauptsächlich, wenn sie einmal das Heiraten aufgegeben und sich entschlossen haben, sich in einer Familie auftrocknen zu lassen.

Im Schreiben sind die meisten wirklich unnachahmlich: Mein geehrtestes vom 15ten dieses.

Ich verbleibe Dero Hochedelgeborne Dienerin.

Da sehen wir uns mündlich.

Wenn Sie jetzt keine Zeit haben, so sehen wir uns im Dunkeln am Fenster.

Eine schrieb: Ich weiß wohl, es kömmt alles daher, weil ich einmal den Willen des Herrn nicht tun wollen. (Sie meinte, dem Herrn vom Hause nicht zu Willen sein.)

Es ist schade, daß man dergleichen Briefe so selten zu sehen bekommt, sie haben wirklich meistens etwas Auszeichnendes und unterscheiden sich von Briefen gleich unstudierter Mannspersonen sehr. Man sollte glauben, ein besonderer Genius wache selbst über ihre Schreibfehler:

Die kleine Fröhlen ist ganz von den Pocken verschönt worden (verschändt); statt Kniee schreiben die meisten Keine, doch weiß ich auch, daß eine Dame ein Keinstück statt Kniestück schrieb.

In einer gewissen großen Stadt (vermutlich in mehrern) sollen sie sogar gelehrte Briefwechsel führen, und ein paar solcher Briefe sind mir versprochen. Auch sollen sie da mitunter keinen Teufel mehr glauben, nämlich so lange sie gesund sind und das Licht brennt und es nicht donnert. Wie sehr wohl und leicht sich eine bei ihrer Atheisterei befunden haben muß, kann man aus einem Briefe an ihre Freundin sehen, worin sie ausdrücklich sagte: sie danke Gott alle Morgen auf den Knien (vermutlich auf den Keinen) dafür, daß er sie zur Atheistin habe werden lassen. Die Postskripte zu ihren philosophischen Briefen handeln von Bändern, Spitzen, Schuhen u. s. w.

Ich muß hier beschließen, weil ich, wie der Leser sehen wird, schon beträchtlich über die gewöhnliche Seitenzahl eines Magazinstücks hinweg bin. Ich füge aber dessen ungeachtet, weil es auf dem Titel versprochen steht, das Kupfer des Herrn Chodowiecki bei, worüber ich im nächsten Stück etwas sagen werde.

HERUMSTREICHENDE KOMÖDIANTINNEN, DIE SICH IN EINER SCHEUNE ANKLEIDEN

(Strolling Actresses dressing in a Barn)

Vielleicht ist, seitdem Grabstichel und Pinsel zur Satire angewandt worden sind, nie so viel muntere Laune in einem so kleinen Raum zusammengedrängt worden als hier. Man wird schwerlich eine l'Hombre-Karte auf dieses Blatt werfen können, ohne irgendeinen Zug oder ein paar des drolligsten Spottes damit zu bedecken. Jeder Winkel dieses Heiligtums der Ceres verkündigt die Gegenwart des mächtigsten Satyrs. Während er unten an der Tenne füßelt, schwänzelt der Schalk in der Mitte und lächelt oben, selbst in einer Scheune – aus den Wolken. Ewig schade, sagt man, daß ein solcher Segen von lachenmachender Materie hier fast für sich allein, ohne höheren Zweck, abbrennt. Wie vieles hätte nicht bei diesem Feuer erwärmt werden können! Das sind aber Klagen der Armut vielleicht. Man rechne nicht zu ängstlich mit dem Genie und rechne so wenig mit ihm als mit dem Himmel, denn der heimliche Verkehr zwischen beiden erstreckt sich vermutlich sehr weit. Das Stück trägt die Aufschrift: Komödiantinnen, die sich in einer Scheune ankleiden. Also bloß Komödiantinnen, keine Komödianten. Wie konnte, hat man gefragt, Hogarth so etwas hinschreiben, da doch offenbar Mannspersonen mit darunter sind? Also offenbar? Könnten es nicht vielleicht bloß Mannsbilder sein? Dieses ist eine Frage, die hierbei jeder, der diesen Tausendkünstler kennt, vorläufig einmal tun sollte. Man tadle des Mannes Zeichnung hier und da, seine oft schlechte Verteilung von Licht

und Schatten und seine Gruppierungen, wenn man kann, aber mit dem Tadel seiner Einfälle sei man immer desto zurückhaltender, je leichter er einem wird. O! wie oft hat er mich nicht betrogen! Jetzt, wenn man mir sagt: Dort liegt der Fuchs tot vor dem Hühnerstall und riecht schon, frage ich immer erst: Seid ihr auch sicher, daß sich der Schalk nicht etwa bloß parfümiert hat und lauert? Daß Hogarth mit dieser Aufschrift etwas gemeint hat, ist bei einem solchen Manne gar keine Frage. Was er aber damit gemeint haben mag, soll und muß untersucht werden, so delikat auch solche Geschlechtsuntersuchungen sind. Man denke nur an die einzige Mamsell d'Eon, was das nicht für ein Tun und Wesen war! Und hier haben wir dieser Mamsellen wohl gar drei. Indessen wir wollen sehen. Ich werde freimütig untersuchen, denn ich verlasse mich auf einen strengen, unerbittlichen Zensor, dem ich jedes Blatt zu lesen gebe, ehe es nach der Druckerei geht, und der heißt: Respekt vor der gesitteten Welt. Vielleicht ist aber auch die Sache nicht halb so arg, als man glaubt. Ehe wir indessen ein Wort hierüber weiter verlieren, müssen wir natürlich die Leutchen erst näher kennenlernen.
Unsere Strichvögelchen (hier Komödiantinnen oder Komödianten, gleichviel) sind nämlich willens, diesen Abend ein kleines Lustspiel aufzuführen, wozu uns Hogarth den Anschlag-Zettel zum Glück aufgehoben hat. Es liegen nämlich zwei Exemplare davon dort auf dem Bette, gleich hinter dem Bratrost, neben den zerbrochenen Eiern, bem Nachttopfe und dem leeren Paar Hosen. Obgleich diese Zettel zusammen kaum vier Quadratfuß Oberfläche bedecken, so sind sie doch mit den soeben genannten Möbeln, Kleidern und Viktualien, die sich sonst in guten Haushaltungen kaum auf ebenso vielen Quadratruten zugleich sehen lassen dürfen, in unmittelbarem Kontakt. Es ist hier etwas enge. Der obere derselben, von dem man bloß den Anfang sieht, besagt: Daß eine Gesellschaft von Schauspielern von dem Londonschen Theater (Elsasser Kapwein) diesen Abend im Wirtshause aufführen werde:

The Devil to pay in Heaven* Des Teufels Lärm im Himmel. Von dem andern hängt bloß das andere Ende hervor und enthält die *Dramatis personas*, wenigstens zum Teil. Sie sind Jupiter, Juno, Diana, Flora, die Nacht, eine Sirene, Aurora, ein Adler, Cupido, zwei Teufel, ein Geist und Gefolge. Man sieht, auch auf dem Anschlagzettel ist die Ordnung sowie auf der Bettlade und im ganzen Gebäude etwas stark lyrisch. Der Teufel ist auch hier schon los. Noch enthält der Zettel ein paar traurige Zeilen: ›Zum letzten Male vor dem Termin, da die Parlaments-Akte gegen herumziehende Komödianten in Erfüllung gehen wird.‹ Bald wird es also vorbei sein, gesetzt auch, daß sie, wie in Deutschland gewöhnlich ist, drei bis viermal hintereinander zum letzten Male spielen. Diese armen Teufel wird schwerlich etwas retten können, auch die feinste Silbenstecherei englischer Rechtshändler nicht. Sagte die Akte, wie etwa im Deutschen, bloß *against strolling actors* (gegen herumstreichende Komödianten), so dürften sie nur sagen: Wir streichen zwar, aber wir sind Komödiantinnen, so wären sie einstweilen so sicher in ihren Scheunen als auf ihren Londonschen Theatern. So aber heißt es against strolling *players*, und gegen dieses Wort käme selbst eine Bande Hermaphroditen nicht auf. Aber wer weiß, was sie dennoch tun. So wahr ist es überall, aber nirgends mehr als in England: um recht zu tun in der Welt, braucht man nur sehr wenig zu wissen, allein um mit Sicherheit unrecht tun zu können, muß man die Rechte studieren. Wer unter

* Die von Coffey und Mottley eigentlich nur zur Operette umgeschaffene, ursprünglich aber schon 1686 von einem Schauspieler namens Jevon geschriebene Farce: *The Devil to pay or the metamorphosed Wives*, auf die hier angespielt wird, ist bekanntlich auch mit großem Beifall auf unser Theater verpflanzt worden: Die verwandelten Weiber oder der Teufel ist los. Sollte Hogarth hier vielleicht auf seine Verwandlungen haben anspielen wollen? Ich wage es nicht zu entscheiden. Sonderbar ist es, daß die Engländer so viele Lustspiele haben, wobei der Teufel selbst schon auf dem Titel steht. Der *Companion of the Playhouse* nennt ihrer allein zwölf. Indessen erscheint er in den wenigsten in Person, sondern schickt dazu, wie in vielen, wo er nicht genannt wird, seine besondern Leute.

der Hand diese Parlaments-Akte betrachten will, wird sie nicht weit vom Nachttopfe auf einer Kaiserkrone liegen sehen. Man hat sie nämlich zwischen diese und ein rußiges und heißes Pfännchen mit Kinderbrei geschoben und so wenigstens den Mangel an Achtung gegen die Akte durch Respekt gegen die Krone ersetzt. So viel von der werten Gesellschaft im Ganzen. Jetzt wollen wir dem Leser die Personen einzeln vorführen. Gleich zur Linken sitzt offenbar die Königin des Himmels, Juno, mit der Krone auf dem Haupte und dem Buche vor sich. Sie studiert ihre Rolle, und um diese Zeit auch sonst noch zu nützen, streckte sie ihr unsterbliches Bein hin auf eine umgestülpte Schiebkarre und läßt sich von der Göttin der Nacht im Sternengewand die ewigen Strümpfe flicken. Diese Göttin hat aus Respekt ihre Laterne ausgelöscht und neben sich hingestellt. Wie schön und wie liebevoll von Hogarth und der Nacht! Löcher in den Strümpfen einer Juno gehören nicht für das Licht. Ihr Buch hat sie auf einen nicht ganz neuen Koffer gestützt, denn wirklich hat ihm die Zeit schon einen Teil des Felles wieder abgerissen, das er selbst einst dem armen Seehunde über die Ohren zog. Er steht, um gehörig hoch zu sein, auf der kleinsten Seite, und es ist also vermutlich nichts darin. Es ist gewöhnlich der Fall bei Koffern, Weinfässern und dergleichen mehr, daß sie sich hochmachen, wenn sie leer sind. – Das Buch ist gegen eine Salzbüchse gelehnt, unter deren gelüftetem Deckel ein Welgerholz hervorsteht. In der Welt selbst sind dieses Gerätschaften für die Küche. Hier, in der Antichambre des Himmels, werden sie zugleich für das Orchester aufbewahrt, um die übrige Musik mit Takt und Klapperwerk zu unterstützen. Man sagt, es behage Ohren nicht übel, die nicht allzu stumpf sind. Hogarth hat in seinem Jahrmarkt zu Southwark, wo auch Komödie gespielt wird, von eben diesen musikalischen Instrumenten Gebrauch gemacht. Sie scheinen also vorzüglich der landstreichenden Muse eigen zu sein. Sie beschweren ihren Strich nicht viel, sind wohlfeil und dienen für Küch' und Kapelle zugleich. Auf der Rückseite der Salzbüchse

sieht man etwas mit Kreide angeschrieben, vermutlich eine Contre-Rolle für die Milch- und Porter-Lieferanten. Unmittelbar hinter dieser Salzbüchse steht ein gemeines, irdisches Feuerzeug, Stahl und Stein in einem elenden Büchschen, brüderlich gekuppelt mit dem erhabensten aller Feuerzeuge, dem Donnerkeil Jupiters. Was für ein Gedanke, und was für ein Jupiter! Er hält sich neben dem Blitz her noch ein gemeines Feuerzeug, um sich Licht schlagen zu können, wenn etwa bei feuchter Witterung die elektrischen Versuche nicht geraten sollten. Dieser Donnerkeil liegt auf dem Koffer so leicht und flüchtig balanciert, daß ihn vermutlich das nächste Exklamations-Zeichen in der Rolle der Juno herab auf einen armen Affen werfen wird. Diese kleine *Dramatis persona* ist, dem englischen Pöbel zur Gemütsergötzung und der Bourbonschen Linie zu Ehren, mit dem französischen Haarbeutel und dem spanischen Mäntelchen ausstaffiert. Vor sich hält er nichts Geringeres als Alexanders Helm, und ohne die Federn an demselben zu fürchten, deren stolzes Nicken einst den Erdkreis beben machte, nützt er ihn zu einem häuslichen Zweck, der leichter erkannt als genannt wird. Für einen Affen ist die Handlung wirklich philosophisch und groß; es liegt so was Modernes darin, das leichter empfunden als erklärt wird. Wer hätte, möchte man sich fragen, unter dem altfränkischen Haarbeutel so viel neufränkische Grundsätze gesucht? Und das Gesicht! O! Fällt auch der Donnerkeil: die Miene des Weisen ist uns Bürge,

impavidum ferient ruinae.

Nun noch eine Mutmaßung. Wie, wenn die Schiebkarre zugleich Schieb- und Donnerkarre wäre? Mit Steinen bepackt, würde sie bei diesem Rade von sehr merklich ungleichen Halbmessern, über lose Bohlen geführt, ihren Effekt sicher tun. Salzbüchsen, die im Orchester, und Schiebkarren, die auf Donnerwolken noch einen Nebendienst leisten, passen gleich gut in das Ameublement theatralischer Vagabunden. Wo der Donnerkeil schwebt, da ist sicherlich der Donner nicht weit, er stecke auch, wo er wolle. Wäre überdies der Koffer gerade der, worin der Platzregen und der Hagelsturm die Reise hierher gemacht hätten, so gewänne diese Gruppe dadurch ein Ansehen und eine Größe, deren Schilderung alle Prose verschmäht, daher wir auch kein Wort weiter davon sagen. Daß übrigens die Göttin der Nacht durch eine Negerin vorgestellt wird, hat Hogarth deutlich genug durch das Wollenhaar angegeben. Die guten Leute sparen dadurch Kienruß und schonen das weiße Zeug. Ein wichtiger Umstand für eine Haushaltung, bei welcher, wie man im Hintergrunde sieht, Waschen und Trocknen leider! permanent sind. In der Mitte des Blattes glänzt Diana,

velut inter ignes Luna minores.

Ihr Anzug ist nicht, was man Jagdhabit nennt. Von allen Insignien, womit das Altertum sie bezeichnete, ist ihr nichts geblieben als der halbe Mond. Selbst die moralischen scheinen verschwunden. Man gerät bei Betrachtung dieser Figur wider seinen Willen auf den Gedanken: Hogarth habe eine verkehrte Diana zeichnen wollen, so wie man eine verkehrte Welt hat. Sie, die bei den Alten die keusche hieß und auch wirklich die unzukommliche war, steht hier fast ohne Fortifikation. Die Außenwerke sind sämtlich heruntergefallen, und selbst der innere Wall, der überhaupt sehr leichtfertig angelegt ist, hat auf der einen Seite eine fürchterliche Bresche, an welcher die Göttin der Nacht etwas zu flicken kriegen wird. Auch weht von ihrem Haupte die weiße Fahne der Kapitulation, wie einmal ein Schalk diese weißen Straußfedern nannte. Ferner ist die Doppeltgegürtete *(bis cincta)* hier eine Nirgendsgegürtete. Alle ihre Gürtel sind gelöst: ein trauriger Umstand für eine Göttin der Keuschheit. Und endlich, so ist bekannt, daß die Diane der Alten mit bis über die Knie entblößten Beinen und übrigens sorgfältig bedeckt, abgebildet wurde. Die unsrige hingegen erscheint schier ganz entblößt, ausgenommen die Beine bis über die Knie nicht, die sogar sorgfältiger bedeckt sind, als es sonst bei dem keuschen Geschlecht gewöhnlich sein soll. Das ist sehr arg. Selbst der Medusenkopf da unten, der alles dieses teils besser verstehen, teils besser sehen mag als wir, scheint sein antiquarisches Erstaunen über diese so ganz unmythologische Aufführung der keuschen Göttin zu äußern. Ja, was sage ich Erstaunen, er scheint über dem Anblick zum ersten Mal den Erstarrungstod selbst zu erleiden, den er sonst bloß zu verbreiten gewohnt war.

Sie scheint im Begriff gewesen zu sein, in den Reifrock, zur Schonung der Frisur, hineinsteigen zu wollen, als sie bei der Repetition ihrer Rolle auf eine Stelle stieß, die viel oratorische Platzung erforderte, wodurch sie aufgehalten wurde. Vielleicht war auch der Rock schon fest gebunden, und die oratorische Platzung hat die von dem Rockband bloß nach sich gezogen.

Nun ein paar Worte zur Ehrenrettung dieses armen Geschöpfes. Es ist wahr, Hogarth hat sie für eine Göttin der Keuschheit schlecht bekleidet, wenigstens sehr undianenmäßig. Aber hat die Natur mehr für sie getan? Diana war schlank und groß, sie ragte überall um eine Kopfeslänge hervor. Die unsrige hier ist untersetzt und fleischig, und bei dieser Lage der Dinge ereignete sich ein sehr wichtiger Umstand. Kopf und Herz kommen hier einander um eine ganze Spanne näher. Was das arme und warme Herz brütet, gelangt hier noch arm und warm, wie es ist, zum Kopf, und eine geometrische Spanne wird zu einer moralischen Meile. O! wohl allen den aufgeschossenen Hageren, bei denen die warmen Machinationen des Herzens Zeit haben, sich auf dem meilenlangen Wege zum Kopf abzukühlen! Es sollen daher die langen Knochensysteme, wo nicht allen, doch manchen Tugenden seit jeher viel günstiger gewesen sein als die mehr zusammengedrückten und überfleischten. Auch scheint ihr Auge und die ganze Gesichtsform dem Blick ungebildet und roh, so viele Blick-Ableiter sie auch aufgeklebt hat, diese Untersuchung zu stören, und überhaupt mehr Ceres als Diana, mag sie auch wohl ehedem auf dieser oder einer andern Tenne etwas Nützlicheres gedroschen haben als Blank-Verse. – Allein so wenig Lehrreiches und überhaupt Sehenswertes diese Göttin für den Archäologen haben mag, so scheint doch gerade ihr jetziges Badhabit vorzüglich den Blick eines Dorf-Aktäons auf sich gezogen zu haben, der linker Hand oben zum Dache hereinguckt. Herr Ireland glaubt, der Kerl sitze dort oben, weil er vermutlich das Dach habe ausbessern sollen; ich glaube, er sitzt dort seiner eigenen Besserung wegen. So sind die Ausleger.

Unmittelbar vor Dianen sitzt, noch zur Zeit ohne Blumen und Füllhorn, die Blumengöttin Flora und macht ihre Toilette. Die Kerze, womit sie sich den Kopf betalgt, hat sie soeben dem Leuchter aus frischem Lehm geraubt, der umgefallen vor ihr auf dem Boden liegt. In der Rechten hält sie eine Pfefferbüchse, um Blumenstaub auf das aufblühende Köpfchen zu streuen. Zum Tisch dient ihr ein Deckelkorb, der wenigstens ein Malter Korn fassen könnte, und dieser enthält, wie man aus dem angehängten Zettel sieht, nichts Geringeres als die Juwelen *(Jewels)* der Gesellschaft. Ein brennendes Licht, das vermutlich zum Anzünden der übrigen bereitsteht, ist so nachlässig hingestellt, daß die Flamme desselben das Stroh, worein die Juwelen im Malter-Kassettchen gepackt sind, ergreift und nicht allein die Juwelen (denn nach den neuesten Versuchen verfliegt der Demant im Feuer), sondern dieses ganze Pantheon mit allen seinen Herrlichkeiten auffliegen machen wird, wenn es die Göttinnen nicht bald gewahr werden. Also hier glimmt schon die Rechtskräftigkeit der Parlaments-Akte, von dem Schicksal selbst angefacht. Vor sich hat sie einen Spiegel stehen, eigentlich ein bloßes Bruchstück, und selbst dieses katoptrische Bruchstück ist nicht ganz, denn es hat hier und da dioptrische Stellen. Gleich dabei liegt das bekannte Instrument, das der Mensch aus dem Zahn des größten Tieres des festen Landes zu schneiden gewußt hat, um die Bisse eines der kleinsten damit zu bekämpfen, der elfenbeinerne Kamm. Und dennoch muß hier der Streit hart und der Sieg oft zweifelhaft gewesen sein, denn er hat sich, wie man sieht, wirklich einige seiner besten Zähne darüber ausgebissen. Zur Ehre der Blumengöttin muß man aber glauben, daß Hogarth hier bloß auf die Aphides ziele, die bekanntlich oft den jugendlichen Nacken selbst der Königin der Blumen, ich meine der Rose, bedecken. Durch diesen nicht zu hintertreibenden Umgang mit der ersten Zierde des Gartens erhält dieses Ungeziefer, so wie der Floh und die Stubenfliege, eine Art von Würde; es ist Ungeziefer von Stand. In der Austerschale auf dem Korbdekkel liegt vielleicht gesalzene Pomadenbutter, oder, wie einige glauben, Farbe für die Blüten dieses Röschens.

Hinter Dianen steht ein Altar, an welchem sich ein paar kleine Teufel um einen Krug Porter boxen. Daß es Teufel sind, sieht man bloß an den Hörnern; denn fehlten die an ihren Kapuzen, so machte ein paar solcher Köpfe und ein Altar eben keinen Kontrast, wenigstens keinen ungewöhnlichen. Man würde es für ein paar sehr bekannte Geschöpfe halten, die unter allen Himmelsstrichen gedeihen, und deren Naturgeschichte in zwei vortrefflichen Werken bearbeitet worden ist. Die Gruppe fließt über von bitterer, aber fast profaner Satire, die jedem sogleich einleuchten wird, wenn er Kelch statt Bierkrug setzen will. Zur Ehre Hogarths muß man aber ja bedenken, daß der Spott keine Menschen, sondern bloß Satane in Menschengestalt trifft. Gegen ehrliche Leute hatte Hogarth nie etwas, denn er gehörte selbst mit darunter. Für das zweite trifft er nicht sowohl den Altar als das Kommando an demselben mit geballter Faust, und endlich so ist das Tischchen nicht einmal ein Altar, sondern eine bloße Ara. Oben darauf liegt und steht noch allerlei; ich glaube ein Stück Brot, oder was es ist; ein Kelchglas und etwas virginischer Weihrauch, der aus einer Pfeife aufsteigt, die vermutlich der Trinker, um mit beiden Händen trinken zu können, soeben niedergelegt hat. Auch diese brennende

Pfeife liegt ohne Deckel so, daß sie gewiß fallen wird, wenn der angedrohte Fauststoß in Erfüllung geht, und wird alsdann mit dem Lichte am Juwelenkästchen gemeinschaftliche Sache machen. Weiter links, hinter der Ara, beschneidet nun gar ein einäugiges altes Weib einer Katze ihre schönste Zierde mit einer Schere, vermutlich um Blut zu dem Unheil zu gewinnen, das der Dolch, den sie am Mantel trägt, noch diesen Abend in dieser Tragikomödie stiften soll. Die Operation scheint der Alten Vergnügen zu machen, und es kommen über ihrem Lächeln ein paar Lachzähnchen zum Vorschein, die nicht reizender sein können. Vermutlich sind es aber auch die Alleinerben der Reize aller ihrer Geschwister, die schon voraus dahingefahren sind. Überhaupt ist in dieser Gruppe viel Zähnespiel; sie werden fast in allen möglichen Bedeutungen gewiesen und gebleckt: von der Alten, um ihrem Lächeln Holdseligkeit zu geben; von der Katze, um zu beißen, und von der armen Seiltänzerin, die das Schlachtopfer hält, um ihren Schmerz zu zerknirschen. Sie wird aber Mühe haben, damit zustand zu kommen, denn die Katze hat nicht allein ihre Hand mit den Zähnen sehr derb gepackt, sondern auch mit den Hinterpfoten die leicht bekleidete regionem hypogastricam derselben, gleich über dem Feigenblätter-Wulst, den das Mädchen als Befriedigung um die Blöße ihrer Beinkleider trägt. Es ist unmöglich, diese Dulderin zu betrachten, ohne an den Laokoon zu denken. Nicht an die Gruppe im Belvedere, das wäre Beleidigung der höchsten Majestät der Kunst, sondern an den launevollen Kupferstich, worauf Laokoon mit seinen Söhnen durch Affen parodiert wird. Man weiß nicht so ganz genau, was die Alte vorstellt. Eine Hexe schwerlich, denn die schneidet keiner Katze den Schwanz ab. Sie könnte selbst in die Umstände kommen. Es ist also wohl der Geist, dessen auf dem Zettel gedacht wird. Wäre dieses, so zielte ja wohl gar der Dolch auf Selbstmord. Noch verdient die Ökonomie der Alten ein paar Zeilen. Sie schneidet bloß das Ende des Zweigs ab und läßt den Hauptstamm trotz der Parlaments-Akte für künftige Trauerszenen stehen. Hier würde der lehrenvolle Trusler ausrufen: Merkt euch dieses, o ihr Ökonomen! wenn er fähig gewesen wäre, selbst so was zu merken. – So viel von dieser Seite des Stücks, wenigstens von dem Lebenden. Das Tote lassen wir noch. Es soll aber auch noch erweckt werden, und hoffentlich nicht ohne Lebenserhöhung des Lebendigen.

Hinter der Göttin der Keuschheit steht eine Figur mit einer Krone, eigentlich einem Sonnen- oder Sonnenblumen-Rande aus Goldpapier, auf dem Haupt, die einen kleinen, auf einer Leiter stehenden Amor anweist, ein paar Strümpfe herabzuholen oder zu wenden, die auf den Wolken getrocknet werden. Diese Figur soll Jupiter sein. Alle Ausleger versichern es, und es ist wahrscheinlich, weil sonst Jupiter hier bloß auf dem Komödienzettel stehen würde. Sonst trocknet unter den Göttern bekanntlich Phöbus die Wäsche, und der *Jupiter pluvius* gibt sich bloß mit dem Einweichen ab. Auch einen Phöbus könnte die Figur vorstellen. Allein freilich der Jupiter der Alten ist schwer von hinten zu erkennen. Alles liegt bei ihm an der positiven Seite. Wenn er auch einmal, von der negativen angesehen, als Stier erscheint und dreht bloß den Kopf um, so ist das *Numen* sogleich wieder da. Leider! kann dieser Stier nicht gedreht werden und mag also für einen Jupiter gelten. Also Zeus verschmäht das Seil und hängt seine Wäsche an einer Donnerwolke auf. Wie groß! So war es mit allem, was er tat. Ihm selbst hängt sie indessen hier etwas zu hoch, und um zu erfahren, ob sie trocken ist, schickt er seinen sehr bekannten, geflügelten Diener hinauf, und dieser muß trotz seiner Flügel die Leiter nehmen. Auch im gemeinen Leben vertreten oft Leitern die Stelle von Flügeln der Liebe. Ja, seine Flügel helfen ihm, so wenig, daß er sogar den letzten, nur noch dreizölligen Hub mit großer Anstrengung der Zehen verrichten muß. Jedoch hier ist Hogarth so ganz mit vollem Lichte gegen uns gekehrt, daß ihn jede weitere Erklärung nur verhüllen würde. Dem Tone, worin dieses ganze Blatt komponiert ist, gemäß, ist Amor hier weder blind noch nackt. Er sieht

recht gut, wo anderer Leute Strümpfe sitzen, und trägt die seinigen sogar gewickelt.
Rechts hinter dem Schmuckkästchen steht ein Mädchen von nicht schlechter Gesichtsbildung mit herabhängendem Haar. Es ist vermutlich bloß die Nickhaut der Trunkenheit, die ihren Blick etwas trübt. Dieses ist die Sirene, wie man an dem Fischschwanz sieht, der durch ein Band um ihre Hüfte aufrecht gehalten wird. *Desinit in piscem mulier formosa superne.*
Die Physiognomie ist wirklich national und unter dem gesunden Landvolk Englands sehr gewöhnlich. In ihrer Rechten hält sie eine Bouteille und ist, wie man sieht, im Begriff, einer *Mamsell d'Eon*, die über Zahnweh klagt, und die sogleich der Gegenstand einer epineusen Untersuchung werden wird, einen Schluck Trost zu reichen. Während diese Wassernymphe Branntwein schenkt, ist eine jugendliche Aurora, mit einem blanken Morgenstern vor dem Kopfe, beschäftigt, ihr unter liebevoller Verziehung ihres Goldmündchens einige Wasserinsekten zu knicken, die am Halstuche hängen geblieben sind. Der Stern leuchtet mit vollem Glanz. Es ist noch sehr früh; die Röte grauet nur noch in diesem Auroragesichtchen, und Phöbus wird, mit Butler zu reden, sein Feuer noch um ein Ziemliches näher rücken müssen, um dieses Hummerchen rot zu sieden. Daß eine Wassergöttin Wein schenkt, ist drollig genug. Man könnte die Figur zum Aushängeschild manchen Weinhäusern empfehlen, wenn es eine Weingöttin wäre, die Wasser schenkt*. Was ist denn aber nun das für ein Geschöpf, das hier sein Zahnweh mit Branntwein zu töten sucht, und wessen Ge-

* Das sogenannte Bierschild, das in manchen Gegenden Deutschlands, zumal auf dem Lande, auch an Häusern aushängt, worin zugleich Wein, wenigstens Branntwein geschenkt wird, drückt in der Tat dies freundschaftliche Benehmen zwischen Wasser und Wein schon aus. Bekanntlich ist ein gleichseitiges Dreieck, auf die Spitze gestellt, das Zeichen des Wassers, hingegen des Feuers, wenn es auf einer der Seiten steht, in dieser Lage verbunden, machen sie das Bierschild. Mendelssohns Thetis, die einen Bacchus umarmt.

schlecht ist es? Wir beantworten die verfänglichste Frage zuerst. Es bedarf wohl nur einer flüchtigen Inspektion zu sehen, daß es ein Frauenzimmer ist. Das lange Haar, die noch zur Zeit nicht abgewischten Schönpflästerchen, die nicht zu verkennende Breite unter den Hüften hinter der Rocktasche, die ganze Form der Beine und Knie und die Kniehaltung, die jedermann aus Antiken kennt, setzen dieses schier außer allem Zweifel. Man hat von seiten des Hemdes objiziert. Aber ist denn das Kleid auch weiblichen Geschlechts? Ein Frauenzimmer, das einen Mannsrock anzieht, zieht auch wohl ein Mannshemd an, wenn Manschetten und Krause nötig sind. Sollen sich etwa die armen Teufel hier, denen es schon an Raum für das sichtbare Dekorum fehlt, noch gar des unsichtbaren wegen eine unerhörte Gattung von Hemden, ich meine hermaphroditische, anschaffen? Vor ihr auf dem Bette liegen die Beinkleider, die sie anziehen soll. Ich fürchte fast, es ist schon ein vergeblicher Versuch gemacht worden. Der Riemen ist ganz aus der Schnalle gezogen, um Zeichen, daß die größtmögliche Weite noch zu klein war, oder daß man vorläufig die größtmögliche für die einzige hielt, auf die man rechnen darf. Es ist Tatsache, und jedermann, der die Antike auch nicht studiert hat, weiß es, daß sich das niedlichste Weib in den Beinkleidern selbst des vierschrötigsten Mannes um die Lenden irmmer beengt findet, ja daß es ihr, in hundert Fällen gegen einen, ohne die gewaltsamsten Dehnungen und Gedankenstriche im Text gar nicht einmal möglich ist, sie anzuziehen. Mit Beinkleidern im figürlichen Sinne, da sie das Sinnbild der Macht sind, und im Hauswesen fast so etwas bedeuten wie die fasces im römischen Staat, verhält es sich freilich ganz anders. Diese ziehen die verheirateten Damen einige Wochen nach der Hochzeit nicht selten mit großer Leichtigkeit an, und sie sitzen ihnen vortrefflich. – So viel über die erste Frage. Was oder wen stellt denn nun aber diese Figur vor? Herr Ireland glaubt, sie sei zu einem Ganymed bestimmt, und ich glaube, er hat recht. Der Vogel Jupiters unmittelbar vor ihm erinnert von selbst daran, und Ganymeds Rolle sollte billig immer nur von Mädchen gespielt werden. Lustig ist es, aber wohl für unsern guten Künstler etwas zu gelehrt, daß man Ganymeds Namen gewöhnlich von *γανύειν* und *μῆδος*; herleitet, wovon das erstere ein freundliches Gesicht zeigen und das letztere so viel als Rat bedeutet. Nun läßt sich aber wohl nicht leicht ein unfreundlicheres Gesicht machen, als hier Ganymed macht, und kein schlechterer Rat erteilen, als er erteilt. Eigentlich erteilt er gar keinen, sondern nimmt umgekehrt einen sehr guten an. Es wäre doch wohl möglich, daß Hogarth an so etwas gedacht hätte. Ein Maler, auch wenn er gar keine Bücher liest, nicht einmal konfiszierte, liest doch wohl einmal ein mythologisches oder schlägt es wenigstens nach, wenn er einen Gegenstand zu bearbeiten gedenkt, der dahin einschlägt. Hier war es vorzüglich nötig, wo ein verkehrter Himmel vorgestellt werden sollte. Hat aber nun der Mann die Sache nicht eigentlich studiert, sondern nur etwa aus einem Wörterbuch pro tempore erlernt, so ergreift er leicht das minder Bekannte statt des Bekannten. Doch dieses nur im Vorbeigehen.

Unten, in der Ecke rechter Hand, sitzt der Adler, der den Ganymed über die Wolken tragen soll. Es wird ihm sauer werden, wenn anders der unbehoste, etwas schwere Patient hinter ihm Ganymed ist, so niedrig auch hier die Wolken gehen, und so stark die Flügel des Adlers sind. Jedoch die Flügel der Liebe dort im Hintergrund, die sich noch zu diesen gesellen werden, und ein guter Strick, woran hier kein Mangel ist, überwinden alles. Wohin tragen Leiter und Strick – und die Flügel der Liebe nicht? Noch trägt der Adler hier eine leichtere und angenehmere Last als jenen Ganymed, wiewohl in jeder Rücksicht auch einen höchst unfreundlichen Ratgeber. Daß hier der Adler ein Kind füttert, womit er sich vermutlich selbst füttern würde, wenn er etwas mehr wäre als Pappendeckel, tut eine vortreffliche Wirkung. Es ist unmöglich, das Kleeblatt von Köpfen, die hier kontrastiert sind, ohne Lächeln anzusehen. Im Auge des Weibes, es sei nun Wärterin oder Mutter,

Geduld und mütterliche Sorgfalt; in dem des Adlers drohender Anspruch auf eine Portion, nicht vom Brei, sondern vom Kinde selbst; beide auf ein kümmerliches Klümpchen von Mamsellenmasse hingespannt, das nur bloß in dem dunkeln Gefühl des Kontrasts zwischen Raubvogel und Mutter zu leben scheint. Der Adler hat hier keine Krallen, aber dafür Frauenzimmerfüße. Der Unterschied ist nicht so groß, als er scheint. Es bleiben Fangfüßchen vor wie nach, wenigstens wird das Schicksal der jungen Hasen durch den Wechsel um nichts gebessert.

Nun sind wir endlich so weit, als wir notwendig sein mußten, um etwas Zweckmäßiges über die Aufschrift des Stücks sagen zu können. Sind dieses nun Komödianten oder Komödiantinnen? Über den Ganymed haben wir bereits entschieden. Also blieben bloß noch Amor, Jupiter und die Teufel. Die letzten sind wohl nicht aus dem schönen Geschlecht. Aber Amor? O! der gehört sicherlich dazu. Ich glaube, der Gebrauch ist sogar hergebracht, daß Liebesgötter meistens auf den Bühnen von Mädchen vorgestellt werden, und das ist ein sehr weiser Gebrauch. Wenn ein Knabe den Liebesgott bei uns vorstellt (bei uns heißt hier: bei unserer Höhe der Sonne), so kommt gemeiniglich zu viel Bedeutung in die Rolle oder gar keine. Ich habe beides gesehen, und da hat man dann zwischen leerem Puppenspiel und *amour à la Grenadière* zu wählen. Hingegen erfüllen die kleinen Mädchen gewöhnlich die Rolle ganz. Sie lernen in Naturangelegenheiten, wobei überhaupt Wissen sehr entbehrlich ist, die Form viel früher kennen als die Materie und sind schon dann so richtig, so konsequent, daß das erwachsene Mädchen ein Jahr nach der Konfirmation nichts weiter nötig hat, als die bisherige täuschende Hülle nun nur noch im Geist und in der Wahrheit zu beziehen. Der Knabe, wenn er wirklich männlichen Geschlechts ist, muß immer wissen, ehe er tut, und wie kann ein solches Geschöpf, das wissen muß, was es tut, die Liebe vorstellen? Auch sollte ich denken, wäre bei diesem Militär der Sieg eines bloß simulierten Knaben immer sicherer und allgemeiner. Hier siegte er mit dem, was er ist, und dort mit dem, was er bedeutet. Also auch unser Amor könnte wenigstens ein Mädchen sein. So wären denn nun alle Personen Frauenzimmer bis auf Zeus und die Teufel und so Hogarths Aufschrift so gut als gerechtfertigt. Denn ein Beichtvater und ein paar junge Versucher machen doch fürwahr ein Nonnenkloster noch nicht zu einem Mönchskloster.

Dieses wäre der Knoten gelöst. Zerhauen ist er auch hier viel leichter. Komödiantinnen, die sich ankleiden. Recht gut, könnte man nur sagen, alle, die hier im Ankleiden begriffen sind, sind auch bloß Komödiantinnen. So liefe am Ende die ganze Aufschrift auf etwas sehr Gemeines hinaus. – Auf ein Titulchen, dergleichen man Sachen gibt und Personen sich sogar geben lassen – aus allerlei Absicht. – Was konnte aber hier die Absicht gewesen sein? – O, ich habe zu lange über eine Nebensache geredet. Man frage den Dorf-Aktäon, der weiß es gewiß.

Ehe ich weitergehe, erlaubt man mir eine kleine Betrachtung. So entscheidend ich auch hier über das Geschlecht des Ganymed gesprochen habe, so ist es doch wirklich bloß in der Absicht geschehen, um auch einmal für diese Seite der Frage alles zu sagen, was sich, wie ich glaube, dafür sagen läßt. Sonst sind einige Ausleger, und darunter auch Nichols, gerade für das Gegenteil. Er sieht in dem Auge der kleinen Sirene etwas mehr als bloß medizinisch-chirurgische Tröstung, nämlich Liebe. Wäre dieses, so ist es freilich ein drolliger Anblick, einen Liebhaber in einem solchen Aufzuge vor seiner Geliebten stehen und über Zahnweh klagen zu sehen, und der Dienst, den Aurora dem Mädchen bei der Entrevue erweist, erhöht die Szene noch mehr. Der ungenannte Erklärer hingegen, der, wie mich dünkt, meistens sehr gut trifft, sagt nur ein paar Worte hierüber, und diese sind ganz für meine Hypothese. Ich greife übrigens dem Urteil der Leser in nichts vor. Ein Teil des Vergnügens, das die Betrachtung der unsterblichen Werke unseres Künstlers gewährt, hängt, so wie bei der von Werken der

Natur, mit von der Übung eigener Kraft ab, die noch dabei stattfindet. Mich wenigstens hat nicht sowohl das ganz Unverkennbare in dem Witz und in der Laune des Künstlers seit vielen Jahren an seine Werke so sehr gefesselt als das leicht Verkennbare und das wirklich Verkannte. Wer suchen will, findet immer noch was. Vielleicht war es auch gerade dieser dem Künstler so vorteilhafte Reiz, der ihn abhielt, selbst einen Kommentar über seine Werke zu schreiben, so oft er auch von seinen Freunden deswegen angegangen wurde, und so oft er es auch zu tun versprochen hatte. Er hätte sicherlich dabei verloren. Um etwas für recht tief zu halten, muß man nie erfahren, wie tief es ist.

Zur Rechten der Göttin der Nacht, wo es wirklich im Ernst etwas dunkel ist, ist allerlei Mutwillen zusammengedrängt. Auf einem sanften Kissen, dergleichen man auf den englischen Kanzeln sieht *(a pulpit-cushion)*, ruht eine Bischofsmütze aus. Die Bibelsprüche und Katechismuslehren, die sonst darinnen wohnen mochten, sind fort, und Komödien und Farcen haben sie dafür, wie Sperlinge ein Schwalbennest, bezogen und vermutlich auch die ersten Bewohner herausgebissen. Daneben steht eine Laterne von der Art, die man im Englischen *dark lanterns* nennt, eine Blend- oder Blindlaterne mit einem Drehdeckel. Ich habe sie oben der Göttin der Nacht beigelegt. Ob sie aber nicht vielleicht zur Bischofsmütze gehört und auf die heilsame Mischung von Licht und Finsternis hinzielt, die zu allen Zeiten aus Leuchten mit diesem patentisierten Drehdeckel hervorströmte, oder ob Diogenes die seinige einmal bei einem Bischofe hat stehen lassen, weiß ich nicht. Gleich dabei hat die Nacht einen dichten Nebel niedergeschlagen. Es ist eine der warmen Haarwolken, unter welchen in England die Sonne des Rechts, wenn sie im Dienst ist, mit ungemeiner Anmut hervorlächelt. Das Jus, wie man sieht, wohnt jetzt nicht darin. Vielleicht ist sie das Interimsnest der Kätzchen, wovon das eine sich mit dem Reichsapfel, das andere mit der Lyra amüsiert. – Also Politik und Dichtkunst. – Es ist nicht unangenehm, Künste und Wissenschaften so behandelt zu sehen und zum Glück auch nicht sehr selten. Die kleine Dichterin tut, wie man sieht, einen Fehlgriff. Anstatt die Saiten der Leier zu rühren, pfötelt und kratzt sie bloß an dem Resonanzhorn*, und mit wie vielem Anstand mischt sich nicht die kleine Staatskünstlerin in die Regierung der Welt! Beide verdienten unter die Buchdruckerstöckchen aufgenommen zu werden, um damit bald einem Gedichtchen, bald einem politischen Träumchen in gewissen Journalen die Aiche aufzudrücken.

Noch erblickt man da einen Strick. Es ist eigentlich der Strang *(the halter)*, und deswegen liegt er so nah bei der Repräsentantin der Justiz. Einem Deutschen könnte diese Erklärung gezwungen scheinen, dem gemeinen Volk in England ist es die natürlichste von der Welt. Obgleich in London mehr mit Stricken gebunden, gepackt und gezogen wird als an irgendeinem Orte in der Christenheit, so erweckt doch ein etwas kurzer dort leicht die Idee von rechtlicher Absicht. Das macht, bei uns sieht man selten henken; dort gehört es mit unter die *Circenses*. Noch liegt da allerlei Geräte zu Taschenspielerkünsten. Ob das auch Fakultäts-Möbeln sind? Schwerlich. Denn wie konnte Hogarth wissen, daß man auch da aus der Tasche spielt.

Noch ein Wort von dem zerbrochenen Ei auf der Bettdecke. Einer der Herren Ausleger glaubt, die Eier überhaupt lägen da, um vermutlich die Stimme der Sirene damit zu schmieren und abzuklären. Wenn ein Unglück (wozu die unglücklichen Einfälle auch

* Ich weiß nicht, ob es allen Dichtern und Dichterinnen bekannt ist, was diese Lyra eigentlich ursprünglich war. Nichts weiter als ein Ochsenschädel, zwischen dessen hohlen Hörnern Hermes vier Saiten aufspannte. Nachher entfernte sich dieses Instrument in Griechenland und Rom immer mehr von seiner ersten Form und ward so das Sinnbild dichterischer Begeisterung und das schönste Attribut des Delphischen Gottes. Bald darauf aber fing es nach dem unbegreiflichen Willen des Verhängnisses und der Mode an, sich nach und nach seiner ursprünglichen Form wieder zu nähern, und jetzt sollen wirklich schon wieder in Deutschland einige im Gange sein, die völlig klingen wie Saiten, zwischen den Hörnern eines Ochsenschädels aufgespannt.

gehören) sein soll, so muß es sich immer fügen. Schwämme das arme Mädchen nicht gerade jetzt bei der Bettlade, so wäre dieser Einfall nie geworden. – Nein! es zielt offenbar auf die Cochonnerie dieser Leutchen. Was für eine Bettdecke, auf welcher ein Beitrag zur künftigen Mahlzeit schwimmt, und was für eine Mahlzeit, wozu die Beiträge von der Bettdecke geschöpft werden müssen! Wenn überhaupt in einer Haushaltung, wo alles überall ist, noch Abteilungen gedacht werden können, so möchte in diesem Winkel, aus allerlei Umständen zu schließen, die Kühe und Speisekammer sein.

Hinter der Aurora sieht man ein paar Meereswellen mit Kurbeln und Zapfen, wie es sich gehört, im Arsenal zwischen einem Triumphbogen von der einen und einer Trommel, einer Trompete und einem stumpfen Kehrbesen von der andern ruhig aufgestellt. Eine Mare pacificum im strengsten Verstand. Die Wogen, die im Dienst sonst horizontal liegen, stehen hier fast vertikal, damit die Gottheiten nicht darüber stolpern oder sich die Schienbeine daran entzweistoßen. Und das gute, schüchterne Haustier, die Gluckhenne, die sonst schon so ängstlich jammert, wenn nur eins ihrer Stieftöchterchen, ein Entchen, sich auf eine Pfütze wirft, sieht hier mit der Ruhe einer Seemöve zu, wie ihre echten Kindlein von Welle zu Welle des wogedonnernden Meeres hinanklettern, als wäre es eine gemeine Hühnerleiter. Oben unter dem Dache sieht man einen Wagen mit Drachen bespannt, wovon der eine unsern Aktäon zurückzischen zu wollen scheint; an der Seite Fahnen und Standarten, neue und alte, britische und römische, mit der das Ganze krönenden Aufschrift:

SENATUS POPULUS QUE ROMANUS

Was sonst noch da herumsteht und liegt, Gerüstböcke, Maler- oder Weißbinderzeug, ländliche Szenen frisch vom Borstenpinsel her, ist sehr verständlich. Jedoch verdienen noch zwei Artikel un-

sere Aufmerksamkeit: der Drachenwagen und dann die zwei Figuren, die dort oben hinter dem Bund Stroh stecken wie schon gestohlener Hausrat oder wie ein paar Herzen, die sich einander noch erst bestehlen wollen. Von dem Drachenwagen glaubt Herr Ireland, es sei der Wagen der Medea. Nun freilich, zu etwas muß es gebraucht werden. Aber warum steht er gerade da oben? Man kann nicht antworten: weil unten kein Platz war; denn, wenn auch unten kein Platz für den Drachenwagen gewesen wäre, so war doch da oben Raum genug für einen drolligen Einfall, und der steckt auch gewiß noch dahinter. Spien die Drachen Feuer (und das sollten alle Trauerspieldrachen, zumal auf Dörfern oder in kleinen Städten und manchen großen, von Rechts wegen), so hätte sie schon allein deswegen Hogarth so nahebei das Stroh und das Dach packen können. Aber sie zischen kalt. – Wäre es nicht wiederum zu gelehrt, so würde ich glauben, es wäre der Wagen der Ceres oder ihres Triptolemus, der bekanntlich auch von Drachen gezogen wird. Ich habe gleich beim Eingange diese Scheune ganz unwillkürlich ein Heiligtum der Ceres genannt. Der Ausdruck ist sehr alltäglich. Wie wenn also Ceres bei der Ankunft so viel höherer Gottheiten hätte aussteigen und das Dachstübchen wählen müssen, so wie manche Leute in den Leipziger Messen, wenn die Götter ankommen? Getreide und Dreschflegel mußten beiseite geschafft werden, und dort oben liegen sie auch wirklich beisammen. Aber ist das nicht Ceres mit ihrem Dreschflegel Triptolemus? Doch genug, vielleicht finden die Leser etwas Besseres.
Das verliebte Pärchen hinter dem Stroh und der Fahne ist der arme, arme Ödipus mit seiner Jokasta. Es steht oben darüber geschrieben. Trusler, der nicht leicht einen Menschen übertrifft, hat sich hier wenigstens selbst übertroffen. Er glaubt, Hogarth habe hierdurch auf das blutschänderische Leben dieser Komödianten angespielt. Was das für ein Einfall ist! Wer den Hogarth nur etwas aus dem Ganzen kennt, den wird sein Gefühl lehren, daß er unmöglich in einem Stück, das ganz dem unschuldigen Lächeln ge-

heiligt ist, mit einem Gedanken hervorkommen konnte, der mit einem Male durch das Abscheuliche, das er enthält, allen Eindruck stören würde. Sind diese Leute Blutschänder, so lacht kein Mensch mehr über sie, man verabscheut sie. Blutvergießer sind sie wohl, wie wir gesehen haben, aber sehr unschuldige, und Sünder mögen sie auch wohl sein, aber gewiß sehr gutmütige, arme Sünder. Die Sache verhält sich so: was dahinten steckt, ist ein Dekorationsstück zum Ödipus des Lee. Herr Nichols merkt an, daß sich beim zweiten Akt dieses Trauerspiels folgende Weisung für den Dekorateur befinde: Die Wolke, welche die Häupter der Figuren umgibt, erhebt sich; es zeigen sich Kronen auf denselben, und oben darüber glänzen in großen, goldenen Buchstaben die Namen ÖDIPUS und JOKASTA. Dieses Szenenstück ist nun aus Mangel an Raum dahinten hin geworfen worden. Da aber Hogarth schlechterdings nichts aufs Geratewohl tut und, was er wegzuwerfen scheint, immer mit Absicht wegwirft, so hat er freilich etwas mutwillig die beiden Leutchen sich dahinten hin verkriechen lassen, als schämten sie sich.

Wenn man das Flattern verschiedener Gewänder in dieser Scheune betrachtet, so läßt sich die Richtung eines Zahnweh- und Schnupflüftchens, das hier wehet, leicht verzeichnen. Es scheint durch eine Öffnung neben der rosigen Ehrenpforte seinen Einzug zu halten; wird, nachdem es einen kleinen Abstecher nach der Zahnwehseite Ganymeds gemacht hat, im Gewande der Aurora zum Morgenlüftchen; spielt am hellen Tage etwas mutwillig mit der keuschen Göttin und teilt sich hierauf in zwei Ströme, wovon der linke das Gewand und den Busen der Juno fächelt und von dieser Seite das Freie sucht; der rechte hingegen trocknet im Vorbeigehen etwas Wäsche und retiriert sich oben zum Dache hinaus.

Da wir nun dieses Blatt beschaut haben, so ist es vielleicht nicht ganz unnütz, es auch einmal einen Augenblick zu behorchen. Da eröffnet sich gleichsam eine neue Welt von Ordnung und Harmonie. Das Säuseln des Windchens und das Rieseln in Alexanders

Helm auch für nichts gerechnet, so fallen hier in die Ohren: die hochtönenden Blankverse der Juno zugleich mit denen der Diana, unterstützt durch den Gesang der leidenden Katze und der Sängerin, die sie hält. Alsdann die Verhängnisbefehle des Donnergottes über ein paar feuchte Strümpfe im Akkord mit dem *damn ye* des Teufels bei der Ara (wenn anders dieses Flickwort für den Teufel ein Fluch ist), und endlich das Zahnwehgewimmer, wiederum im Zusammenklang mit den Klagetönen der kleinen Nachtigall, die der Adler mit Mehlbrei füttert. Wäre hier ein gedielter Boden, so würde ich noch die kleine, muntere Favoritin in Erinnerung bringen, die den Reichsapfel wälzt, das ist eine gar unangenehme Sache für Augen und Ohren, wenn die Favoritkätzchen mit den Regierungsinsignien spielen.

So viel für Auge und Ohr. Den dritten Sinn wollen wir ruhen lassen. Leider! hat Hogarth mehr als einmal sehr schlecht für die Ruhe desselben gesorgt. Vermutlich weil er auch zugleich für die Gemütsergötzung einer Klasse von Menschen sorgen wollte, die etwas andere Gemüter und etwas andere Definitionen von schönen Künsten haben als wir. Selbst dieses Blatt ist nicht frei von diesem Mutwillen oder eigentlich dieser Ungezogenheit. Ich fürchte meinen Zensor und schweige daher. Die Leser verlieren ohnehin nichts dabei. Es betrifft bloß eine kleine Insel, und die mag dann ohne Schaden unbekanntes Land bleiben wie so manche andere Insel auf der Welt, die unendlich viel größer ist. Das Originalgemälde dieses Stücks ist gegenwärtig in dem Besitz eines Herrn Wood zu Littelton, der nicht mehr als 26 Guineen dafür bezahlt hat. Herr Riepenhausen hat Hogarths Kopie dieses Mal nicht umgezeichnet, und das, wie mich dünkt, mit sehr vielem Recht. Denn erstlich fällt nun das Licht wieder von der Linken ein, wie es sich gehört; zweitens schneidet nun die alte Frau an der Katze mit der rechten Hand, und drittens näht die Göttin der Nacht mit der Rechten. Hätte man auch annehmen wollen, Hogarth hätte bei der Alten seine Absichten gehabt, ihr die Schere in die Linke zu geben, so war er doch gar der Mann nicht, der von einem so sehr mittelmäßigen Einfall zweimal auf einem und demselben Blatte Gebrauch hätte machen können, und viertens kommen nun Ganymeds Knopflöcher auch wieder an die linke Seite. Wollte man auch da sagen, der Rock wäre ein gewendeter, lieber Himmel! was für Unsinn ließe sich nicht durch eine solche Hermeneutik rechtfertigen.

Der Bonsens verschlingt alle diese kleinlichen Partial-Hypothes-chen mit einem Male und sagt: Hogarth hat sich die Mühe nicht genommen, seine Kopie umzuzeichnen. So kommen auf manchen seiner Blätter Personen vor, die den Degen auf der Rechten hängen haben u. s. w. Aber freilich man muß sich in acht nehmen, denn einige hat entweder Hogarth wirklich umgezeichnet, oder sie sind nie Gemälde gewesen. So verhält es sich gleich mit dem zweiten Blatte dieses Heftes; da sitzt ein Mann, der im Original den Degen auf der Linken hat, dieses muß umgezeichnet werden. Auch hat er zuweilen seine besondern Absichten: z. B. in seinem Faulen und Fleißigen legt ein Kerl vor Gericht einen Eid ab und dabei die linke Hand auf die Bibel. Dieses ist Vorsatz, denn gleich dabei schreibt eine Gerichtsperson mit der Rechten.

HANDEL MIT HEILIGEN GROSSEN ZEHEN IN ITALIEN

So außerordentlich unsern Lesern nachstehende Geschichte scheinen muß, so wahr und ausgemacht ist sie. Die Erzählung rührt unmittelbar von einem der aufgeklärtesten Männer unserer Zeit, Sir William Hamilton, her, der nicht allein den ganzen schändlichen Handel selbst zuerst entdeckt, sondern auch durch seine weise Fürsorge auf immer vermutlich gelegt hat.

Im Jahr 1780 kam Sir William Hamilton nach dem kleinen Städtchen Isagua in Abruzzo und bemerkte daselbst in einer dem heiligen Cosmas und Damian gewidmeten Kirche, daß eine Menge Weiber und Mädchen andächtig nach einem jungen Canonicus hinschlichen, der ein großes Becken vor sich stehen hatte, in welches diese Andächtigen etwas opferten, das Sir William nicht gleich erkennen konnte. Als er sich erkundigte, was das sei, was die Damen da in das Becken trügen, so sagte man ihm, es wären in Wachs geformte, große Zehen des Schutzheiligen dieser Kirche, des heiligen Cosmo. – Und warum würden sie denn geopfert? Es geschähe, war die Antwort, sich damit Fruchtbarkeit zu erbitten. Daß man nun grade die große Zehe des Heiligen wählte, und nicht lieber den Daumen oder sonst einen Finger oder eine ganze Hand, machte die Neugierde des Philosophen rege; er trat also hinzu, um die große Zehensammlung näher zu betrachten, und fand am Ende: daß das christliche Frauenzimmer zu Isagua in Abruzzo in einem christlichen Tempel im Jahr Christi eintausend siebenhundert und achtzig, um Fruchtbarkeit zu erlangen, wahre Priapen opferte, die mit vieler Kunst in Wachs geformt waren, und die man, um ein skandalöses Verfahren wenigstens hinter einer unschuldigen Benennung etwas zu verstecken, große Zehen genannt hatte. Die Mönche des Orts schickten nämlich Leute aus mit Körben voll dieser Zehen, die sie feil auf den Straßen herum boten. Eigentlich hatten sie keinen bestimmten Preis, man konnte geben, was man wollte, aber da man hauptsächlich die Eigenschaft an ihnen rühmte, daß die Wirkung immer desto sicherer wäre, je mehr man dafür bezahlte, so zogen sie dadurch beträchtliche Summen an sich. Offenbar waren an dem Orte ehedem Priapeja gefeiert worden, und die Einkünfte dieser Wachsfiguren mochten den guten Nachfolgern des Heidentums zu beträchtlich geschienen haben, um sie nicht zum Besten der heil. Mutter Kirche zu verwenden, und den heidnischen Gebrauch in einem christlichen Tempel unter einem etwas züchtigeren Namen einzuführen. Sir William glaubt, die Wachspriapen würden noch in den nämlichen Formen gegossen, deren sich ehedem die heidnischen Priester bedient hätten. Bei seiner Rückkehr nach Neapel erzählte er seine Entdeckung am Hofe, und erst 1780 wurde der Priapenhandel* dem lieben heil. Cosmo gelegt.

* Priapea = die kurze, geistreiche, obszöne lateinische Geschichte aus dem 1. Jh. n. Chr.

BEITRÄGE ZU RABENERS WÖRTERBUCHE

1. Aber

Aber ist ein kleines, aber bei der heutiges Tages so sehr florierenden Medisance unentbehrliches Wörtchen. Mancher sieht sich oft in den Fall gesetzt, in einem Stücke einem Menschen Gerechtigkeit widerfahren zu lassen, dessen Lob sonst ein *Decoct von Ipecacuanha* für ihn ist. Doch um den Beifall etwas zu modifizieren, weiß er die schlechte Seite mit der gerühmten durch ein geschickt angebrachtes *aber* sehr gut zu verbinden. Es gibt Leute, und ich habe deren mehrere gekannt, die niemanden loben noch einmal jemanden loben hören konnten, ohne das Lob auf eine witzige Art zu glossieren; und solche Herren oder Damen würden sich nun freilich in einer mitleidenswürdigen Verlegenheit befunden haben oder noch befinden, wenn es kein aber gäbe. Und nun wollen wir uns einmal eine Gesellschaft von Titulärhofräten und -sekretären, Damen, die vom gefälligen Herrn Gemahl von allen Haushaltsgeschäften dispensiert und auf Pension gesetzt sind, von Prälaten, die das Arbeiten im Weinberg andern überlassen und sich nur die Früchte vorbehalten, von Schwestern, deren Mund zur Liebe des Nächsten, Beförderung seiner Bekehrung, nie stille steht, vorstellen. Was sollten diese Leute vor langer Weile anfangen, wenn ein abwesender Kosmopolit oder Nicht-Kosmopolit durch seine Fehler und Gebrechen, die er als Mensch, oder weniger als Mensch, an sich hat, keinen Stoff zur Vertreibung der Zeit hergäbe? Und Langeweile ist ja für ein Wesen wie ein Mensch, das denken kann und zuweilen wirklich denkt, etwas Entsetzliches, etwas Unaussstehliches. Spielen könnten sie ja wohl, Whist, Trisett und Besset oder wie das Ding sonst heißt? Aber da behüte uns Gott vor, höre ich die Dame rufen, die heute Assemblee hält, und die stets weiß oder schwarz gekleidet geht, deren Besuchzimmer voll Psalter und geistlicher Lieder liegt, und in deren Schlafkammer die Gedichte des Herrn von Grécourt und die Gedichte à la mode de Grécourt in schwarzem Corduanbande mit Gold auf dem Schnitte hinter dem Vorhange stehen.

Nun, wie gefiel Ihnen gestern Herr X.? fing Madame an, er soll der ordentlichste, rechtschaffenste Mann sein; aber letzthin wollte jemand einen Menschen von seiner Statur in ein gewisses Haus hinein und aus demselben mit einer Frauensperson wieder heraus spät über den Kirchhof haben gehen sehen. Man muß zwar von jedem Menschen das beste denken und reden; aber das kann niemand anders gewesen sein als er. Der Pastor Z. predigt sehr gut, nimmt sich seiner Gemeinde sorgfältig an, besucht Patienten sehr gerne, – aber (warf der Herr Sekretär mit einer vielbedeutenden Miene ein) Patientinnen noch lieber. Frau Y. ist ein rechtes Muster von Tugend und ehelicher Treue, sie verläßt das Bett ihres kränkelnden Mannes nie; – aber wohl – fiel der Herr Abt ins Wort – wenn er schläft und ihr Doktor ist da. Der Herr Rat R. ist ohne Zweifel einer der geschicktesten und arbeitsamsten Beisitzer, die wir zu C. haben; – aber – rief ein suspendierter Richter hinterm Ofen – vorgestern will jemand um Mitternacht in aller Stille ein Faß Wein vor seiner Tür haben abladen hören. Die Frau von P. muß sehr edel und großmütig sein, kein Bettler geht unbefriedigt vor ihrer Tür vorbei; – aber – setzte der Herr Kanonikus H. hinzu – sie hält, wenn ihr Herr Gemahl krank oder verreist ist, sich einen Kaplan von 24 Jahren, dem sie – jedoch nur aus bloßer Menschenliebe – ein besonderes Stipendium gibt, und mit welchem sie sich oft in ihr Bettzimmer einschließt, um – Sachen vom strengsten Geheimnisse miteinander abzutun. Herr G. ist eben so freigebig, – aber die Leute sagen, er täte es aus Gewissensangst, weil er das

meiste von seinem Vermögen seinen Geschwistern bei der Teilung gestohlen habe –
Dies letzte Aber war nun ein bißchen ziemlich grob – allein sind jene feineren Aber christlicher, menschenfreundlicher? –

2. Afterreden

Afterreden oder, in einem vornehmern Ausdruck, medisieren ist eine moralische Modekrankheit dieses Jahrhunderts der verfeinerten Sitten; eine sittliche Pest kleiner Seelen und auch oft solcher, die sich für groß halten, gegen welche sich kein Kordon ziehen läßt; das ungeselligste sittliche Übel, das es vielleicht gibt, aber ohne das manche große Gesellschaft von privilegierten oder nicht privilegierten, betitelten oder unbetitelten Müßiggängern in tötender Langweile dahinsterben würde. Dies Unglück zu verhindern, muß dieser seine Frau, jener seine Töchter, der Dritte seine eigene Ehre herleihen, und dadurch, daß diese mit der Zunge totgeschlagen werden, rettet sich jene. Und wie sollten diese Schlachtopfer dies Schicksal nicht dulden, da sie es nicht ändern können? Zwar schändlich fallen sie, aber wo ist der, welcher sie rächt? Abwesende zu verteidigen, ist ein Ruf, den nicht jeder für den seinigen hält, und noch gibt es unter den öffentlichen Bedienungen keinen advocatum absentium. Abwesende anzugreifen ist eine leichte Kunst für die, welche bloß nach Beispielen, nicht nach Grundsätzen handeln; sie mögen übrigens den zehnten Pfennig den Armen geben oder nicht. Ein eingewurzeltes Übel zu heben, dazu gehört mehr als Predigt, solange es nicht in Statuten verboten ist. Und wird dies jemals geschehen? Würde es Nutzen haben, wenn es geschähe? Kennt jemand den Menschen, den frage man und höre auf zu glauben, daß er ihn kenne, wenn er ja sagt.
Als der Deutsche noch weiter nichts war als tapfer und ehrlich, als der, welcher dem Feinde den Rücken zeigte, als ein Abschaum im Morast ersticken mußte, da war der Deutsche bloß durch Waffen,

durch die Zunge nie, gefährlich. Fürchterlich war sie zwar, wenn er drohte, verräterisch niemals. Aber Eroberer haben von jeher nach der Geschichte etwas von den Sitten der Überwundenen angenommen, nicht immer das Beste. Schwelgerei gab dem Mazedonier der Perser, Weichlichkeit China dem Tatar, unreines Geblüt Haiti (St. Domingo) dem Spanier. Züge nach Frankreich brachten französische Feinheit unter die Deutschen, Römerzüge machten italienische Verstellung mit ihnen bekannt. Kultur wuchs, Lüx nahm überhand, und im 18ten Jahrhundert konnte der Deutsche schon so geläufig mit der Zunge fechten als zu Augustuli Zeiten der Merovinger mit dem Degen. Nun wird, sagt Herr W., kein Deutscher eher wieder groß, stark, wieder ein Held, wieder ein Deutscher, ehe er nicht in den Ardenner- oder Herziner-Wald zurückgeht und wiederum Eicheln isset. Wehe dem Deutschland, wehe dem Europa, wehe der Welt, wovon man sagen müßte, wahrhafte Rechtschaffenheit treffe man nur unter dem Eichelnesser zwischen Sümpfen und undurchdringlichen Wäldern an. In einer Welt voll Lästerer sie zu finden, dazu braucht man mehr Licht als einst jener griechische Philosoph, da er Menschen suchte.

3. Instinkt

Instinkt ist ein innerlicher Trieb, etwas zu tun oder zu lassen, den die Natur in ein Geschöpf gelegt hat. Nach diesen Trieben nehmen alle unvernünftigen Tiere ihre Handlungen vor, und sie bestehen in der Begierde der Selbsterhaltung und Fortpflanzung ihres Geschlechts. Selbst Raubtiere haben keine andern Triebe, keinen von der Natur ihnen eingepflanzten Trieb zur Grausamkeit oder andere Tiere umzubringen. Tun sie solches, so tun sie es durch ihren mächtigsten Feind, den Hunger, getrieben. Ist der gestillt, so hört auch ihre Grausamkeit auf, und je hungriger sie sind, desto wütender sind sie. Und daher kömmt's, daß der weiße Bär von Nowaja

Zembla seinen Raub stundenlang ins Eismeer verfolgt, selbst Leute in Kajüten zittern macht. Wäre dies nicht so, wäre die Begierde, andere Tiere umzubringen, ein Naturtrieb, wie wollte man sie zähmen? Denn Naturtriebe im Zaum zu halten, dazu gehört Vernunft, und zwar eigne Vernunft, nicht die Vernunft des Leiters, wenn der auch immer welche hätte. Oder wäre es nicht gegen die Weisheit des Schöpfers, wenn man behaupten wollte, er habe mit den Erhaltungsgesetzen der Natur eines verbunden, wobei das Tierreich unmöglich bestehen könnte?

Auch der Mensch hat diese beiden Instinkte der Selbsterhaltung und Fortpflanzung mit den übrigen Tieren gemein. Denn auch der Mensch gehört zum Tier-Parlament, ob er gleich kraft seiner Geburt stets im Oberhause sitzt und, wie der Tory in höflichen Zeiten, alles durchsetzt. Und jenes Dämchen auf dem Ruhebette, das seine leichte Kleidung durch diesen oder jenen Zephyr durchwehen läßt, mag ihr liebenswürdigstes Näschen rümpfen, so viel sie will, so ist doch auch sie zwar nicht ein Tier, aber doch ein Tierchen. Seine Kaiserliche Majestät zu Rom, Herr Heliogabel der Große, erhob den ersteren Trieb, Ibrahim der Großtürk den letzteren, zur Ehre der Menschheit, zum Gipfel seines Flors. Sonst aß man Butter, Käse und Kalbfleisch, wurde doch satt, brachte sein Leben auf 69 Jahr 6 Wochen und 3 Tage, starb mit Augen, dunkel, nicht von Oskopa, auch nicht von Persico, sondern von Freudenzähren über den schönen Kranz, den der bärtige Ururenkel bei Feier des neunzehnten Jubeljahrs ihm brachte. Zu Rom, unter den Kaisern, lernte man die Kunst, Fische zu essen, die gegen ein gleiches Gewicht von Silber oder Gold abgewogen wurden, ward nie satt, starb, nicht lebenssatt, nicht wohlbetagt, sondern nachdem man erst angefangen hatte zu leben. In der alten Zeit, da muß es Leute mit Waden gegeben haben, wenn anders ihre Heiraten und Befriedigung des Geschlechtstriebes in einen Zeitpunkt fielen. Isaak, der Großvater der Israeliten, war über 40 Jahre alt, da er um die Rebekka anhielt, und lebte nachher noch 100 Jahr; denn unter hundertvierzig pflegte zu seiner Zeit kein Patriarch sich zu seinen Vätern versammeln zu lassen. Das soll heutiges Tages wohl einer bleiben lassen, der sich so ein hübsches Weibchen, als Frau Isaaken gewesen sein soll, beilegt. Noch im 187sten Jahre hatte der Geschlechtstrieb des Herrn Methusalah so viel *vigueur*, daß er noch einen starken Knaben zeugen konnte, aus dessen Lenden wir, als vermutliche Kinder des Noah, unsere Ahnen zählen. Im 40sten Jahre brauchen unter 10 Spaniern, vielleicht auch Franzosen und Deutschen, schon 9 alle Künste des Venette, um ihren Geschlechtstrieb auf die Nachwelt wirkend zu machen, und sind doch ungewiß, ob das ihr Blut sei, dessen Vater sie heißen. Alle Mittel und Erfindungen im Seraglio Seiner Hoheit, Ibrahims, im Harem seines wollüstigen Untertans hatten nicht die Wirkungen, die ein saftiges Stück eines feisten Farren oder vielleicht auch eines Böckleins auf die Hüften Gideons, des Richters in Israel, hatten. Dies bei Gelegenheit dieser beiden Instinkte. Damit ist aber der Mensch nicht zufrieden, sondern er schafft sich noch zu jeder besonderen Handlung einen besonderen Trieb an, dem er nicht widerstehen kann, und den er oft zur Entschuldigung einer nicht zu entschuldigenden Tat anführt. Daher kömmt's, daß jede Leidenschaft ihren eigenen Trieb hat, daß es einen Trink-, Spiel-, Rauf-, Fenstereinschmeißungs- und Mause-Trieb gibt. Aber auch bei guten und lobenswürdigen Dingen läßt sich so ein Trieb, oft mit verändertem Namen, anbringen. So nennt es z. B. Seine Hochehrwürden einen inneren Beruf, wenn Sie einen Trieb hat, eine Pfarre von 400 Talern mit einer von 800 zu vertauschen; und das mit dem besten Grunde von der Welt. Denn sehe ich in die Geschichte der mittleren Zeiten, so hatte das jus publicum der Geistlichkeit zwei Rubriken; die erste hieß Geld, und die andere hieß auch Geld. Ich sage aber ausdrücklich: in den mittleren Zeiten; denn heutiges Tages ist es anders, und wenn es nicht so wäre, würde ich es doch sagen, um keinen Religionskrieg zu veranlassen, dessen Urheber der ärgste Feind des Staates ist.

Ob es gut sei, daß der Mensch bloß nach Instinkten lebe, kann nur beim absoluten oder hypothetischen Naturstande in Frage kommen. Nach dem absoluten Recht der Natur gibt es vielleicht keine sichern Richtschnuren als Triebe der Natur, denn wer nach diesen verfährt, handelt wohl der Natur nicht entgegen; Schmauß gründete unter andern hierauf sein Naturrechts-System und wurde verketzert. Inwieferne er recht oder unrecht hatte, mag ich hier nicht untersuchen. Ein Mensch, der bloß nach Instinkten in einem kultivierten Staate handelt, kann Ärgernisse geben, kann die Ordnung im Staate beunruhigen. Wenn er es tut, so tut er es aber bloß in Rücksicht auf seine Person; im ganzen hat der Staat nichts von ihm zu befürchten; ein Bösewicht par principe wird er nie; das kann nur der werden, der gegen die Natur und ihre Vorschriften handelt.

TROSTGRÜNDE FÜR DIE UNGLÜCKLICHEN, DIE AM 29STEN FEBRUAR GEBOREN SIND

Man mag sagen, was man will, so ist ein Mensch, der nur alle vier Jahre einen Geburtstag hat, immer kein Mensch wie andere. Ja, einer der in seinem Leben der Geburtstage zu wenige hat, kommt mir in mancher Rücksicht nicht viel glücklicher vor, als die weitläufige Klasse von armen Teufeln, die der Väter zu viele haben; denn was ist dem unsterblichen Wesen, das in uns wohnt, angenehmer als zu sehen, ja unter der Hand auch wohl gar zu schmecken und zu riechen, daß sich außer ihm noch Wesen derselben Art seiner Existenz und seines Lebens freuen? Wäre auch die Freude dieser Wesen nicht immer die aufrichtigste, wovon man wohl Beispiele hat, gut, so ist es nicht minder angenehm zu sehen, daß diese Wesen es doch nötig finden müssen, so zu tun, als freuten sie sich. Jene aufrichtige Freude verrät zwar Liebe, das ist wahr; die nicht aufrichtige dafür aber Furcht und Respekt, die in sehr vielen Fällen unendlich mehr wert sind. Von diesen Freudenbezeichnungen nun verliert das unglückliche Geschöpf, das am 29sten Februar geboren ist, nach einer leichten Berechnung, in seinem Leben wenigstens bare 75 Prozent in Vergleich mit andern Menschen. Das ist etwas hart. Es sei nun das, was eingebüßt wird, ein Wunsch in Prosa, ein Carmen oder ein wirkliches Gedicht; es seien Bänder, Blumen, Kuchen, Feuerwerke, Illuminationen und Kanonaden, so sind immer die 75 Prozent davon weg wie weggeblasen. Ja, die Sache kann sehr wichtig werden. Gesetzt, der Unglückliche sei der Regent eines Reichs oder einer Stadtschule, der das Recht hat, freiwillige Geschenke an seinem Geburtstage zu erpressen, wie kann ein solcher ein Geschenk verlangen, das an einem Tage zahlbar ist, der in drei Jahren gegen eins gar nicht existiert? Sind die 29sten Februare in Jahren, wo dieser Monat nur 28 hat, also nicht die wahren *Calendae graecae*? Ja, wenn die griechischen Calendae bloß ein poetisches Nichts sind, wofür sich sublime, antiquarische Pedanterei diesen artigen Ausdruck schuf, so sind die 29sten Februare dreimal in vier Jahren ein wahres, solides, prosaisches Nichts des gemeinen Lebens und der alltäglichen Haushaltung; das ist ganz was anderes. Von jenem spricht man, und dieses fühlt man. – Das Bisherige galt bloß das Physische bei dieser Verkürzung; von der moralischen Seite ist der Verlust noch sehr viel größer. Denn, da jeder Mensch bekanntlich an seinem Geburtstage sich irgend etwas künftig zu tun oder zu lassen ernstlich vornimmt, z. B., wie D. Johnson, künftig früher aufzustehen oder die Bibel im nächsten Jahre ganz gewiß durchzulesen oder, wie jene Dame, keinen Branntwein mehr zu trinken; so kommt ein solcher Mensch natürlich auch um alle diese heilsamen Entschließungen, und man weiß wohl, wie es mit der Ausführung steht, wenn man gar nicht einmal zur Entschließung kommen kann. – Aber der Neujahrstag, sagt man, bleibt ihnen doch noch. – Das ist keine Antwort, den Neujahrstag haben die gewöhnlichen Menschen auch, also den 75 Prozenten geht auch hier nichts ab. Ja, was endlich das Traurigste ist, so wird dieses Unheil, wie manches andere, das uns dieses Jahrhundert zugeführt hat, ebenfalls gegen das Ende desselben ärger. Wenn nämlich das Jahr 1796 vorbei ist (das letzte Schaltjahr in diesem Jahrhundert), so haben wir in acht Jahren keines wieder. Also ein Kind, das den 29. Februar 1796 geboren würde und etwa den 28. Februar 1804 stürbe, wäre acht Jahre alt geworden, ohne einen einzigen wahren Geburtstag erlebt zu haben, den kümmerlichen etwa ausgenommen, an dem es geboren worden ist, der gar nicht in Rechnung kommen darf und kann und in dem wahren Gratulantensinn des Worts kein eigentlicher Geburtstag ist. – Doch nun nicht eine Silbe weiter in diesem Ton, der, wie wir selbst fühlen, schon zu lange gehalten worden ist. Wir würden dieses lächerliche Thema gar nicht berührt haben, wenn nicht die Frage: wann soll ein am 29. Februar Geborner seinen Geburtstag feiern, in einem berühmten Journal ziemlich ernstlich aufgeworfen und – unbeantwortet geblieben wäre. Hier ist die Antwort und der Trost:

Der Mensch wird zwar an einem gewissen Tage, an einem gewissen Datum geboren, allein sein Eintritt in die Welt, sein erster Atemzug ist das Werk eines Augenblicks. In diesem Punkt von Zeit steht die Sonne in einem gewissen Punkt der Eklipik. Er wird also genau ein Jahr alt sein, wenn die Sonne das nächste Mal wieder in demselben Punkt der Eklipik steht, und der bürgerliche Tag, in welchen jener Zeitpunkt fällt, ist der Geburtstag des Menschen im eigentlichen Verstande, er heiße nun übrigens im Kalender, wie er wolle. Dieses ist, dünkt mich, sehr klar. Das Problem: wann soll ich meinen Geburtstag feiern, wenn ich am 29. Februar geboren bin, wird also auf folgende Weise vollkommen aufgelöst werden und, im Rezept- und Problemlösungsstil abgefaßt, etwa so lauten: 1) Laß dir die Sekunde, Minute oder die Stunde deiner Geburt sagen, oder nimm den Tag aus dem Kirchenbuch. Weil du aber doch nicht den ganzen Tag über geboren worden bist, so mußt du im letzten Fall etwas Bestimmtes annehmen, z. B. die Mitte des Tages, also mittags um zwölf. 2) Suche in einem astronomischen Kalender für das Jahr deiner Geburt den Ort der Sonne (ihre Länge) für diesen Zeitpunkt. Kannst du ihn selbst berechnen, so ist es desto besser, alsdann würdest du aber eine so einfältige Frage vermutlich gar nicht tun. 3) Suche ebenfalls im Kalender von dem Jahre, da du deinen Geburtstag feiern willst, den Tag, da die Sonne genau dieselbe Länge hat, dieser Tag ist dein Geburtstag, er heiße nun wie er wolle. Wenn du so verfährst, so wirst du etwas bemerken, das dich frappieren wird, vorausgesetzt, daß du von der Sache, wovon hier die Rede ist, gar nichts verstehst, nämlich, daß du, wenn du auch an jedem andern Tage, z. B. den 1. Mai, geboren wärest, du dennoch deinen Geburtstag unter gewissen Umstän-

den zuweilen den 30. April, zuweilen den 2ten Mai feiern müßtest, und daß selbst die Geburtstage der höchsten Potentaten öfters ganz falsch gefeiert werden, und folglich der am 29sten Februar Geborne nicht gerade immer der einzige ist, der seinen Geburtstag an einem andern Monatstage feiern muß als dem, den ihm die gewöhnliche Methode anweist. Dieses gründet sich auf dem Umstand, daß das Jahr nicht numero rotundo aus 365 Tagen, sondern ungefähr aus 365 Tagen und 6 Stunden besteht, wir aber bei unseren bürgerlichen Geschäften uns unmöglich mit solchen Brüchen von Tagen abgeben können. Daher geht es denn auch wirklich dem Jahr selbst nicht besser als uns und den hohen Potentaten. Seine Geburtsstunde wenigstens wird dreimal unter vieren falsch gefeiert. Man freut sich oft über den Tod des alten Jahres mit Jubel, wenn es wirklich noch 18 Stunden schmachtet, und gratuliert dem neuen 18 Stunden vorher, ehe es geboren wird u. s. w. Folgende Tabelle wird völlig hinreichen, den zu leiten, der, am 29sten Februar geboren, an seinem Geburtstage gern so schmausen wollte, daß von seiten des Kalenders nichts dagegen eingewendet werden kann.

Wer am 29sten Februar morgens um 12 Uhr geboren ist, feiert seinen Geburtstag oder eigentlich Geburtsstunde
das nächste Jahr den 28. Februar morgens um 6,
das 2te Jahr den 28. Februar mittags um 12,
das 3te Jahr den 28. Febr. abends um 6,
das 4te Jahr den 29. Februar um 12 des Morgens.
Am 29. Februar um 6 des Morgens geboren:
das 1ste Jahr den 28. Februar um 12 des Mittags,
das 2te Jahr den 28. Februar um 6 des Abends,
das 3te Jahr den 28. Februar um 12 des Nachts oder am ersten März,
das 4te Jahr den 29. Februar um 6 des Morgens.
Am 29. Februar um 12 mittags geboren:
das 1ste Jahr den 28. Febr. um 6 des Abends,

das 2te Jahr den 28. Febr. um 12 des Nachts oder am ersten März,
das 3te Jahr den ersten März um 6 Uhr des Morgens,
das 4te Jahr den 29sten Februar um 12 des Mittags.
Am 29 Februar abends um 6 geboren:
das 1ste Jahr den 28. Februar nachts um 12 oder am ersten März,
das 2te Jahr den 1. März um 6 des Morgens,
das 3te Jahr den 1. März um 12 mittags,
das 4te Jahr den 29. Februar um 6 des Abends.

Man sieht hieraus, daß man seine Geburtsstunde, wodurch der Geburtstag bestimmt wird, jedes Jahr um 6 Stunden später feiern muß, so lange bis das Schaltjahr die Sache wieder ins Gleichgewicht bringt. Nun noch ein paar Worte für das Jahr 1800, das kein Schaltjahr sein wird. Ein Kind, das z. B. den 29. Februar 1796 nachts um 11 Uhr geboren würde, muß nach dieser Regel im Jahr 1803 seine Geburtsstunde sogar den 2ten März abends um 5 Uhr feiern. Warum das Jahr 1800, auch das 1900, kein Schaltjahr sein wird, sondern erst das 2000 wieder (vorausgesetzt, daß sonst alles beim alten bleibt), wollen wir im Kalender für das Jahr 1800 erklären. Man wird aber sehr viel besser tun, es bis dahin selbst zu lernen.
Nun das Resultat ist kurz. Will man seinen Geburtstag oder vielmehr die Stunde nur jedesmal alsdann feiern, wenn Datum und Tageszeit zugleich eintreffen, so kann sie jeder Mensch überhaupt nur alle vier Jahre einmal richtig feiern. Der am 29sten Februar Geborne verfährt also sehr richtig, wenn er seinen Geburtstag bald den 28. Februar bald den ersten März feiert. Der Unwissende glaubt, er irre, da er doch nicht irrt. Der an einem andern Tage Geborne, der ihn nach dem Datum feiert, irrt oft wirklich, allein es merkt es niemand. So kommt es also auch hier wie bei tausend andern Vorfällen des Lebens auf Lage und Umstände an. Nachdem diese günstig sind oder ungünstig, kann man bald mit allen seinen Irrtümern für weise und bald mit aller seiner Weisheit für ein gar irriges Schaf gehalten werden.

HUPAZOLI UND CORNARO, ODER TUE ES IHNEN NACH WER KANN

Ich glaube kaum, daß Hupazoli, wenn man alles zusammennimmt, je seinesgleichen gehabt hat, wenigstens in der Zeit des Neuen Testamentes nicht. Er ward den 15ten März 1587 zu Casale geboren und starb den 27sten Jänner 1702 in seinem 115ten Jahr. Er lebte also in drei Jahrhunderten, ein Glück, das selbst der 169jährige Henry Jenkins, wiewohl nur um zwei Jahre, verfehlte: er wurde nämlich 1501 geboren und starb 1670*. Er heiratete fünf Frauen, mit denen er vierundzwanzig Kinder zeugte, und außerdem zählte er noch fünfundzwanzig Bastarde. Er trank nie etwas anderes als Wasser, rauchte keinen Tabak, aß wenig, aber gut, besonders Wildpret und Früchte, und weil er glaubte, daß ihn diese hinlänglich mit Feuchtigkeit versähen, so trank er öfters ganze Monate hindurch nichts als den Saft der Skorzonerwurzel**. Er wohnte nie einem Schmause bei, um allzeit früh zu Abend essen und eine halbe Stunde nachher zu Bette gehen zu können. Er ließ nie zur Ader und brauchte keine Arznei als seine Diät (dieses Wort klingt neben den neunundvierzig Kindern ein wenig sonderbar, indessen ist auch nur die Rede von seiner Diät). Im 100sten Jahre wurden seine grauen Haare wieder schwarz; im 109ten verlor er

*Der berühmte Thomas Parr war hierin bei seinem geringeren Alter glücklicher: er wurde 1583 geboren und starb 1735, wurde also 152 Jahre alt und lebte in drei Jahrhunderten.

** Dieses ist nicht sehr präzis gesprochen: Er trank nie etwas anderes als Wasser – und weil er Feuchtigkeit genug hatte, so trank er u. s. w. Vermutlich gebrauchte er den Skorzonersaft nicht als regelmäßiges Getränk, sondern nur zuweilen in kleinen Dosen, oder man muß diesen Trank mit zu dem Saft aus Früchten rechnen.

die Zähne, und im 111ten bekam er wieder zwei neue. Er hinterließ zweiundzwanzig Bände, worin alles aufgeschrieben war, was er in seinem Leben verrichtet hatte. Ich entlehnte diese Geschichte, deren Wahrheit ich weiter nicht verbürgen kann, aus dem Hannöverschen Magazin (1787. St. 38), in welches sie aus dem Berliner Intelligenzblatt gekommen ist. Man wird da noch mehrere Umstände aufgezeichnet finden. – Ob dieser Mann noch etwas außer seiner Diät in der Welt getrieben hat, weiß ich nicht. Weiter nachzusuchen, verstattet mir jetzt die Zeit nicht. Im Jöcher, den ich bei der Hand habe, habe ich ihn vergeblich gesucht, und freilich, wenn er weiter nichts geschrieben hat als seine zweiundzwanzig Bände, so geben ihm diese so wenig ein Recht auf eine Stelle in jenem Werk als seine fünfundzwanzig Bastarde. Ob wohl diese Bände irgendwo vorhanden sein mögen? Ein merkwürdiges Manuskript wäre es allemal, und ich möchte wohl lieber einmal einen Blick in dasselbe tun als in ein gedrucktes Opus von so vielen Bänden, das ich kenne. Strenge und ununterbrochene Mäßigkeit in Essen und Trinken, die, nach dem gewöhnlichen Maßstabe geschätzt, fast an Mangelleiden grenzt, durch dauerhafte Gesundheit und ein hohes und kraftvolles Alter belohnt zu sehen, hat etwas sehr Angenehmes und zu Nachahmung Reizendes, und das Lesen solcher Geschichten ist daher sehr am Geburts- oder Neujahrstage zu empfehlen. Freilich taugt dazu Hupazolis Geschichte weniger als die des bekannteren Cornaro, weil bei ersterem die offenbare Pateilichkeit der Natur, bei der Aussteuer seines Körpers, eher niederschlagend als aufmunternd ist. Die Geschichte des letzteren hingegen wird man nicht ohne lebhaftes Vergnügen in einem vortrefflichen Aufsatz des Herrn Hofmed. Hufeland in Weimar (Deutsch. Merkur 1792. St. 3 S. 256) über die Verlängerung des Lebens lesen. Man sieht da deutlicher, welches Ursache und welches Wirkung ist. Er führte bis in sein vierzigstes Jahr ein sehr schwelgerisches Leben und zog sich dadurch eine fürchterliche Krankheit zu. Die Ärzte gaben ihn nicht bloß auf, sondern bestimmten ihm sozusagen schon die Stunde seines unvermeidlichen Todes. Indessen er genas (vielleicht weil ihn die Ärzte verlassen hatten) und unterwarf sich nun einer Diät und hielt sie mit einer Präzision, die freilich von ungewöhnlicher Seelenstärke und Macht über sich selbst zeugt. Wo ich nicht irre, so waren es nicht viele Unzen, was er täglich aß, und so brachte er sein Leben über hundert Jahre hinaus. O! wenn man doch alle die Gewichte und Gegengewichte kennte, wodurch der große Mann einen so schweren Entschluß auf einer so feinen und zerbrechlichen Spitze über ein halbes Jahrhundert durch so wegbalancierte, ohne auch nur zu wanken, als hätte alles auf der gleichen Erde gestanden! Liebe zum Leben oder zu körperlichem Wohlbehagen war es schwerlich allein. Vielleicht Gefallen an der Sache selbst, Ehrgeiz, hohe überspannte Begriffe von der Würde des Menschen, religiöse Büßung oder sonst etwas, das man nicht erfahren hat. Der Himmel führt seine Heiligen wunderlich. – Ich bin überzeugt, daß die Hälfte des menschlichen Geschlechts, wenigstens des zahmen Teils desselben, den man den gesitteten nennt, über die Hälfte zu viel ißt, denn was man, zumal unter den höhern Klassen, Hunger nennt, ist meistens mehr ein Appetit nach Hunger als der eigentliche Bedürfnishunger selbst. Was müßte nicht ein allgemeines Essen *à la Cornaro* bewirken, in den Körpern und in den – Finanzen! Ich sagte soeben, daß man bei Cornaros Geschichte deutlicher sähe, was Ursache und was Wirkung hierin sei. Ich glaube nämlich, daß in mancher von dergleichen Geschichtserzählungen beide verwechselt worden sind. Ich habe mehr alte Leute gekannt, die einen großen Teil ihrer Zeit damit hinbrachten, das Logbuch bei ihrer uninteressanten Reise über das leidige *Mare mortuum* des Lebens mit großer Pünktlichkeit zu führen, so wie Hupazoli. Sie waren überhaupt pünktlich. Die sogenannten Leute nach der Uhr werden gewöhnlich alt. Das Handeln nach der Uhr aber setzt innere uhrmäßige Anlage voraus, wovon ersteres nur die Fortsetzung und Sichtbarmachung ist. Alles, was man treibt, *ut apes Geome-*

triam, führt gewiß zum Zweck der Natur. Umgekehrt könnte Zwang, auch wenn ihn die Vernunft guthieße, zuweilen wenigstens ebenso wirken wie Mangel an Diät und es auch in manchen Fällen wirklich sein. Nun – soeben bemerkte ich erst, daß ich bei der besten Absicht, Mäßigkeit und ein Leben *à la Cornaro* zu empfehlen, unvermerkt Gefahr laufe, der Verteidiger des Gegenteils zu scheinen. Einen kräftigeren Wink für einen Schriftsteller, abzubrechen, gibt es wohl in der Welt nicht. Also kein Wort mehr.

DAS LUFTBAD

In unserm Taschenbuche von 1793 haben wir einige Nachricht vom Seebad gegeben und nachher mit Vergnügen bemerkt, daß unsere Vorschläge nicht ganz fruchtlos gewesen sind. Der Himmel gebe, daß es die Bäder selbst ebensowenig sein mögen, woran wohl nicht zu zweifeln ist. Würden auch in einem Jahr nur zehn Krankheiten damit abgewaschen, so wäre der Nutzen schon sehr groß, zumal in dieser traurigen Zeit, wo die Arzneien täglich teurer und die Krankheiten immer wohlfeiler werden. Diesen Artikel wollen wir dem Luftbad widmen, das vermutlich die wenigsten unsrer Leser noch in dem Lichte werden betrachtet haben, in welchem es hier erscheinen wird.

Ehemals badete man sich bloß im Wasser, und sehr viele Völker, namentlich die gesündesten, kennen bis diese Stunde noch keine anderen Bäder als See- und Flußbäder. Hätten sie auch schon einige darüber, so haben sie doch die Wörter nicht dazu, und das ist gerade so viel, als hätten sie gar nichts. In der Christenheit badet man sich jetzt in allen vier Elementen, und da, wo man deren fünfe zählt, obendrein auch im fünften. Erstens im Wasser; zweitens im Feuer, so weit man es vertragen kann, dahin gehören die russischen Schweißtreibhäuser und die den Alten schon bekannte Insolation und Aprikation, das Sonnen, wenn man diese nicht etwa lieber ein Lichtbad nennen will; drittens in der Luft, wovon wir sogleich reden werden; viertens in der Erde. Dieses Bad sowohl als das Wort dazu ist eine Erfindung des berühmten Dr. Graham, des Erfinders des himmlischen Bettes. So kostbar sein himmlisches Bett war, so wohlfeil ist sein Erdbad. Man läßt ein Loch in die Erde graben, so tief, daß man darin bis an den Hals stehen kann, und stellt sich nackend hinein, läßt alsdann wieder Erde hinzuwerfen und etwas fest anstampfen bis an den Hals. Es darf nichts freibleiben als der Kopf, selbst die Arme nicht, daher man sich in ameisenreichen Gegenden die Ameisen wedeln lassen muß. Auch die Hunde müssen entfernt werden, weil diese manche Köpfe leicht für Ackersteine halten möchten. Es soll dieses Bad ein Mittel wider sehr viele Übel sein, fast so wie das Grab selbst, das am Ende alle heilt und Grahams beide Erfindungen, Erdbad und himmlisches Bett, in sich vereint. Der gelehrte Erfinder hat auch eine Theorie davon gegeben; sie ist aber etwas verwickelt und erwartet noch ihre Bestätigung erst von der Erfahrung. Der Doktor selbst hat es einigemal ohne Schaden gebraucht; andere wollen es nicht rühmen. Es gehört also in der *Materia medica* in die reiche Klasse von Arzneimitteln, die zuweilen nicht schaden. Fünftens endlich das Bad im fünften Element, ich meine das elektrische. Hierzu könnte man noch ein sechstes rechnen, Mesmers magnetisches Bad, und endlich, bloß der Zahl Sieben zu Liebe, das Quecksilber- oder Mercurialbad. Dieses paßt freilich nicht so ganz hierher. Wer indessen Philosophie studiert hat, wird mir diese Einschaltung leicht vergeben, und bloß der Unstudierten wegen merke ich an, daß man es mit dem Verpacken von Begriffen hält wie mit dem Verpacken von Waren. Wenn alles in der Kiste ist, was eigentlich hineingehört, und es schlottert noch, so steckt man etwas anders dazwischen. Daß den nackenden Körper ganz einer angenehm kühlen oder auch selbst einer kalten Luft auf kurze Zeit auszusetzen, eben die Wirkung ungefähr tut wie das kalte Bad, wenigstens die angenehme Wärme beim Ankleiden hervorbringt wie ein mäßig gebrauchtes kaltes Bad, werden vermutlich mehrere unserer Leser aus der Erfahrung wissen. Ja, bei der guten Wirkung des kalten Bades selbst ist es ungewiß, wieviel davon der Berührung der Luft zugeschrieben werden muß, die nun, nachdem der Leib von allen unmerklichen Unreinigkeiten, die die Ausdünstung zurückläßt, gereinigt ist, desto näher an den Körper antreten und die

beste Wirkung in kurzer Zeit hervorbringen kann. Vermutlich ist auch die Sache von Ärzten schon weiter untersucht worden, als mir bekannt ist. Ich führe hier nur an, daß Franklin, dessen flüchtigste Äußerungen immer mit Respekt gehört zu werden verdienen, ein großer Freund von dem Luftbad gewesen ist. Besonders verdient aber hier erwähnt zu werden das freilich sonderbare Kabinettstückchen von einem Menschen, ich meine Burnet Lord Monboddo, ein bekanntlich schwergelehrter Mann. Der berühmte Schauspieler Foote nannte ihn eine elzevirsche Ausgabevon Dr. Johnson, vermutlich weil sein Anblick weder an Koloß noch Bär erinnert, wovon das Kaliber des ersteren und die Sitte des letzteren leicht jedem ins Gedächtnis kommen mußten, der das Glück hatte, den Doktor zu sehen, oder das Unglück, ihm zu widersprechen. Man weiß leider freilich, daß Lord Monboddo glaubt, die Menschen wären ehemals riesenmäßig und dabei geschwänzt gewesen; daß er sogar deswegen den Weltumseglern Untersuchungspläne vorgelegt hat, die Sache aufs reine zu bringen; daß er glaubt, er spreche das Griechische völlig so aus, wie man es ehemals zu Athen ausgesprochen habe; daß er sich mit Öl salbt wie die Alten u. s. w. Alles dieses kümmert uns hier wenig, genug, er nimmt sehr oft ein Luftbad, das ist, er macht sich ganz nackend in freier Luft eine starke Bewegung und glaubt, daß er es diesem Verfahren zu danken habe, daß er sich in seinem siebenzigsten Jahre noch so jung fühlt als in seinem dreißigsten. Auch hat man mir erzählt, daß er die Fräulein Burnet, seine Töchter, zuweilen nötigen soll, dieses Bad zu gebrauchen, welches wegen der großen Durchsichtigkeit der Luft und (da man bei Tage baden muß) der großen Scharfsichtigkeit der im Stande der Schuld Lebenden wegen immer eine bedenkliche Kur ist. Dieses alles war längst bekannt, und man achtete nicht viel darauf. Nun aber fängt doch die Sache an ernstlicher zu werden, wenigstens ist sie nun dahin gebracht, daß man davon reden kann, ohne zu fürchten, durch gesuchte unnütze Grübelei die Würde der Naturlehre oder durch mutwillig schei-

nende Vorschläge die Majestät der Sittsamkeit und Unschuld zu beleidigen.
Ein englischer Arzt, Abernethy, hat durch viele Geduld erfordernde Versuche gefunden, daß das, was in der Luft, die die menschliche Haut berührt, teils durch Übergang aus dem Körper in dieselbe, teils durch Eintritt aus ihr in den Körper vorgeht, große Ähnlichkeit mit dem bekannten Ein- und Ausatmungsprozeß durch die Lungen habe. Reine, dephlogistisierte Luft wird ungefähr ebenso dadurch verändert als durch das Ein- und Ausatmen. Da nun der Lungenprozeß bisher mit großer Wahrscheinlichkeit für den Hauptquell der Wärme warmblütiger Tiere gehalten wurde, so folgt daraus, daß, wenn diese Versuche richtig sind, der Mensch gleichsam über den ganzen Körper einatme, ohne es zu wissen, und also ohne sein Zutun einen Zufluß von Wärme erhalte, der ihm bisher so unbekannt geblieben ist, als es für unzählige Menschen, noch bis jetzt, die Ausleerungen sind, die an der Oberfläche vorgehen. Erhält aber der Mensch Wärme durch Einatmen (so wollen wir es nennen) über die ganze Haut, so muß die Kleidung notwendig ein großes Hindernis für diesen Prozeß werden. Zwischen Fell und Hemd u. s. w. muß sehr bald eine Luft entstehen, die für den Prozeß nicht mehr taugt, und die Erstickung muß ihren Anfang nehmen, wenigstens zwischen Fell und Hemd. Gesicht und Hände atmen indessen noch fort. Wer weiß, ob nicht bei dem schöneren und wärmeren Geschlecht, die die Grenzen der Nacktheit an Armen und Busen zuweilen etwas erweitert haben, ein dunkles Vorgefühl dieser neuen Wahrheit zum Grunde lag. Ja wer weiß, ob nicht, was, wo ich nicht irre, unser vortrefflicher von Cronegk geweissagt hat, eben aus diesem dunklen Vorgefühl von Abernethys Theorie der tiefe Ausschnitt am Busen, und der hohe Abschnitt am Unterrock sich endlich einander auf halbem Wege begegnen und zum bloßen Feigenblatt unserer ersten Eltern zusammenschmelzen werden. So führt auch diese Theorie so wie die neueste Politik auf eine baldige Wiederkehr vom paradiesischen

Stand der Unschuld und Gleichheit. – Ein sehr netter Schluß, der unmittelbar aus Herrn Abernethys Erfahrungen folgt, ist, daß, wenn es einen in Kleidern friert, es einen deswegen noch nicht gerade auch nackend frieren müsse. Denn es könnte uns ja bloß deswegen in Kleidern frieren, weil der Wärmeerzeugungsprozeß nun über eine so große Fläche der Haut gehemmt ist, daß freilich die Nase und die Fingerspitzen den Verlust bald empfinden müssen. Wir berufen uns hierbei auf die Erfahrung. Man versuche es einmal und kleide sich nackend in einem Zimmer aus, das bis zu dem Grade kalt ist, daß man sich die Hände reiben und ein kleines Feuer wünschen möchte, so wird man deutlich bemerken, daß die unangenehme Empfindung von Kälte gar nicht zunimmt, wenigstens gar nicht in dem Verhältnis, in dem man es nach einer solchen Entblößung erwarten sollte. Ja, ich möchte fast sagen, man fände sich wärmer, wenigstens behaglicher. Es mag nun hier Wärme nach Abernethys Vorstellung erzeugt werden, oder die kalte Luft mag wirken wie kalte Bäder überhaupt und in der Haut sowohl als den Gefäßen die Spannung hervorbringen, die den Umlauf des Bluts begünstigt, und auf diese Weise erwärmen. Ja, es kann beides zugleich stattfinden, oder auch beides einerlei sein, nur anders gedacht. Genug, daß es im Ganzen wahr ist. Es scheint also nichts weniger als verwerflich zu sein, sich tagtäglich oder wenigstens zuweilen auf eine kurze Zeit nackend der Luft auszusetzen. Doch ist es unser ernstlicher Rat, ja dabei einen Arzt zu befragen oder wenigstens, nach Maßgabe der Beschaffenheit des Körpers, behutsam zu Werk zu gehen, damit nicht in unserm Kontor Klagen über Schnupfen, Zahnweh und Erkältungen einlaufen. Denn unser kleines Taschenbuch möchte lieber alles in der Welt sein, nur kein: *Jeder Mensch sein eigner Doctor*, das wohl im Grunde nichts anderes sagt als: Jeder Mensch sein eigner Giftmischer. Inwiefern durch Herrn Dr. Fausts Vorschläge zu Kindertrachten die Sache eingeleitet werden könnte, oder wie weit sich seine Vorschläge mit dieser Theorie vertragen, oder ob nicht von dieser Seite her selbst seine Vorschläge eine anständigere Einleitung hätten erhalten können, überlasse ich dem sehr würdigen und gewiß wohlmeinenden Mann selbst zur Entscheidung. Er hat sicherlich sehr viel Wahres gesagt, das aber wenig Eindruck gemacht hat, weil der Hauptgesichtspunkt, wie mich dünkt, etwas unanständig gewählt ist. Es wäre genug gewesen, nur einmal in einer einzigen Zeile auf so etwas hinzuweisen; man hätte ihn doch verstanden. Hat es nicht überhaupt eine besondere Beschaffenheit mit unserer jetzigen Schriftstellerei, daß man über heimliche Sünden überall öffentlich schreiben kann, aber über öffentliche immer heimlich schreiben muß, wenn man nicht eingesteckt sein will?

So viel von dem Luftbad, das freilich den Nachteil mit sich führt, daß man, um es zu gebrauchen, fast weiter nichts nötig hat, als im Freien das Hemd einmal über die Ohren zu ziehen. Alle die herrlichen Reisen nach fremden Gegenden fallen weg, und mit diesen auch die zu manchen Zwecken so zuträglichen Trennungen der im Himmel Zusammengeschlossenen, ich meine die sogenannten Strohwitwenschaften. Die Ärzte müßten denn etwa zeigen, daß zu einem echten Luftbad eine reinere und daher höhere Luftschicht notwendig gewählt werden müßte, und sonach den Harz oder die Bergstraße oder die Schweiz in Vorschlag bringen, wo dann freilich die Unternehmer Sorge tragen müßten, der Durchsichtigkeit und Scharfsichtigkeit zu begegnen, von der wir oben geredet haben.

STREIT ÜBER EINEN SITZ IN DER KIRCHE; KEINEN BISCHÖFLICHEN

Bekanntlich hat Boileau den Streit über ein Chorpult zu einem komischen Heldengedicht und seiner eignen Unsterblichkeit mit großer Kunst genützt. Hier ist die Geschichte auch eines Streites, auch über ein Kirchen-Ameublement, nämlich einen Familienstand in derselben. Will sie jemand auch zu seiner eignen Unsterblichkeit nützen, so steht sie ihm sehr gern zu Befehl. Sie ist zwar nicht komisch, vielmehr gerade das Gegenteil, allein dabei so einzig in ihrer Art, so blutreich, und so toll, daß, um ein Meisterwerk für die jetzige deutsche Lesewelt daraus zu machen, man fast nichts weiter zu tun hat, als das Kalenderblättchen, so wie es hier ist, ein paarmal durch die poetische Strecke laufen zu lassen. Denn es stirbt in dieser kurzen Geschichte eine Person vor Schrecken, einer zweiten werden beide Ohren abgeschnitten, und eine dritte wird unschuldig gehenkt. Dieses ist, dünkt mich, alles Mögliche, nicht bloß ein Trauerspiel, sondern für jede schreckliche Geschichte überhaupt. Die Begebenheit hat sich in Irland zugetragen, und zu ihrer Zeit, vor ungefähr einundzwanzig Jahren, wie man denken kann, großes Aufsehen erregt. Im Jahr 1795 wurde das Andenken an dieselbe durch den Tod der Person, die ihre Ohren dabei eingebüßt hatte, wieder erneuert. In der Totenliste nämlich, die jedem Monate des Gentlemans Magazins angehängt wird, werden nicht selten Lebensumstände merkwürdiger Verstorbener kurz erzählt, und da findet sich in dem Novemberstück jenes Jahres nachstehender Artikel: Im Oktober dieses Jahrs starb zu Newton-Barry in Irland Mad. Ralph, deren Geschichte merkwürdig ist. Es war nämlich an ihrem Todestage gerade neunzehn

Jahre, daß zwei Männer, Carrol und Dangan, dafür gehenkt wurden, daß sie dieser Mad. Ralph beide Ohren abgeschnitten hatten. Die Ursache dieser unmenschlichen Behandlung war, daß ein gewisser sonst schwacher aber rachsüchtiger Mann, namens Dempsey, in der Kirche einen Sitz für sich und seine Familie errichten ließ, wodurch er den schönsten Teil des Gebäudes versperrte. Dieses nahmen Herr und Madam Ralph sehr übel, und ließen den Sitz niederreißen. Was sie für ein Recht dazu hatten, wird nicht gesagt. Hierüber wurde Dempsey so aufgebracht, daß er sogleich einige der damaligen umherstreifenden Whiteboys engagierte, ihn an dieser Familie zu rächen. Diese Kerle überfielen daher in der Nacht die Wohnung des Herrn Ralph, der zu seinem Glück nicht zu Hause war. Sie ergriffen also Mad. Ralph, schleiften sie aus dem Bette auf die Heerstraße, und schnitten ihr da beide Ohren ab. Eine ihrer Töchter, ein junges und schönes Frauenzimmer, starb an den Folgen des Schreckens, das ihr das Schreien der Mutter verursacht hatte. Diese schreckliche Begebenheit erregte den Abscheu der ganzen Gegend; viele Personen wurden ergriffen, und unter diesen auch Carrol und Dangan, die, durch das eidliche Zeugnis der Frau Ralph überführt, beide gehenkt wurden. Dangan gestand vor seinem Tode, daß er zwar mit in dem Ralphischen Hause gewesen wäre, an der abscheulichen Tat aber keinen Anteil habe, und daß Carrol ganz unschuldig sei. Carrol selbst bestand durchaus auf seiner Unschuld, und jedermann glaubte auch, er würde wegen seines sonstigen guten Charakters pardoniert werden. Es geschah aber nicht. Eine geraume Zeit nach dieser Begebenheit wurde ein berüchtigter Whiteboy, namens Arthur Murphy, in der Provinz zum Tode verdammt. Dieser gestand vor seiner Hinrichtung, daß er die Hauptperson bei dem Ohrenabschneiden gewesen, und Caroll hingegen ganz unschuldig sei. Gerechter Himmel, was für eine Begebenheit! Menschen, die sich Christen nennen, besolden ausdrücklich einen Mann, um ihnen wöchentlich einmal die göttlichen Lehren der

allgemeinen Menschenliebe und Verträglichkeit mit Nachdruck einzuschärfen, oder was sich davon in der Woche etwa verwischt haben könnte, wieder aufzufrischen. Diese Vorträge mit Bequemlichkeit und ungestört anhören zu können, bauen sie sich Sitze; über die Lage dieser Sitze gegen die Stelle, von welcher das Wort allen Ohren gleich reichlich zuströmte (denn von einem Bethesda ist hier die Rede nicht), zanken sie sich. Und über diesem Zank werden ein Paar Christenohren abgeschnitten, ein junges und schönes Mädchen stirbt vor Schrecken, und ein Mann unschuldig unter Henkers Händen! – Daß Frau Ralph gerade am Jahrestag von Carroll's Execution starb, ist wohl nicht bloß Zufall. Mehrere Jahre vor ihrem Tode ward Carrol's Unschuld klar. Sie hatte den armen Teufel mit irländischer Hastigkeit und Übereilung an den Galgen geschworen. Es trinkt sich mit schlechtem Appetit aus dem Lebensbecher, wenn ein solcher bitterer Bodensatz sich mit jedem Zuge mischt. Der Oktobertag mag ihr wohl jährlich bitterer und bitterer geworden sein, bis endlich die Schwäche des Alters und seine Empfindlichkeit den Lebensfaden zu dem Grade verdünnt hatten, daß es ihn zu zerreißen nichts weiter bedurfte, als der Erinnerung: heute sind es neunzehn Jahre, daß bloß durch dich ein Mensch unschuldig am Galgen gestorben ist.

DASS DU AUF DEM BLOCKSBERGE WÄRST

Ein Traum wie viele Träume

Durch den Tod eines vortrefflichen Mannes, mit dem ich mehrere Jahre in vertrautem Umgange gelebt habe, bin ich kürzlich zu dem Besitz eines Manuskripts von seiner Hand gekommen, an dessen Entstehung ich selbst einigen Anteil insofern habe, als das meiste in demselben die Resultate von Unterhaltungen in unsern Abendstunden ausmachte. Wir spielten, statt mit Karten, die wir beide unversöhnlich haßten, mit Einfällen und Projekten aller Art, oft in die späte Nacht. Ich kann aber nicht sagen, daß wir, weil wir nicht um Geld spielten, deswegen immer ruhig auseinander gegangen wären. Der letzte Stich des Gegners, wenn die bestimmte Glocke schlug, hatte immer etwas Unangenehmes für einen oder den andern, und ich erinnere mich sogar einmal, daß ich, als ich schon bei meinem Hause war, wieder umkehrte, um einen falsch gespielten Trumpf wieder zurückzunehmen, aber meinen Freund schon gerade auf den Lorbeern ruhend eingeschlafen fand, die mich die ganze Nacht wach erhielten. Das Buch ist grün eingebunden, und soll daher künftig alles, was ich daraus entlehnen werde, welches wohl der Fall zuweilen sein könnte, mit der Überschrift: Aus dem grünen Buche bezeichnet werden. Der Titel ist etwas sonderbar, wiewohl nicht ohne Menschen und Messekenntnis abgefaßt, er heißt: *Echt deutsche Flüche und Verwünschungen für alle Stände, nebst einem Anhange von Sprichwörtern und Fiktionen.* Von den Fiktionen haben unsere Leser schon wirklich einiges gehabt, unter andern war unser Bedlam für Erfinder fast wörtlich aus dem grünen Buche genommen. Beim Aufmachen des Manuskripts fiel mir ein Brief in die Hände, der, wie die Unterschrift zeigt, von einem nicht sehr unbekannten Verleger war. Mein Freund hatte ihm das Manuskript angeboten, ohne mir etwas davon zu sagen, vermutlich um mir mit dem Gelde eine unvermutete Freude zu machen. Das war ganz seine Art. Daß er mir aber mit dem Briefe keine unerwartete Freude gemacht hat, verstehe ich nicht ganz. Hier ist der Brief.

»Ew. erhalten anbei Dero Manuskript zurück, weil selbiges Dero Zeit so nicht gebrauchen kan. Einige Artikel sind wircklich reitzbar, per Exempel jener vom doppelten Printzen und jener von Flüchen vor Kindern. Doch winschen meine Frau und ich etwas mehr von Deologen hinein und der Schaam Hafftigkeit und die Obrigkeit, etwas reitzbar versteht sich und Pasquilandisch, das sind itzoiger Zeit warme Semmel in der Welt. Wollten Selbige Selbiges noch einschieben wollen, so wollen Wir sehen. Zenzur haben Wir nicht zu fürchten; meine Frau liest ihm alles für, und ist bei ihm wie ein Kind im Hause. Sie hüppt auch über manches. Verbleibe Dero affectionirter u. s. w.«

Außer der hohen merkantilischen Suade, die durchaus in diesem Briefe glüht, war es mir besonders angenehm, eine alte fast vergessene Idee von mir, ich meinte die von einem doppelten Kronerben, wieder zu finden, wovon das grüne Buch zwar nicht die Ausführung, aber doch den Plan ziemlich deutlich enthält. Hauptsächlich dieser Frau Verlegerin wegen, die, wie ihr eigener Mann gesteht, über manches gern weghüpft, muß ich sagen, was das eigentlich für eine Idee ist, und von wem sie herstammt, falls etwa besagte Dame damit über ihr Gewissen weg in irgend eine Romanmanufaktur damit hüpfen sollte. Hier ist etwas davon: In einem bisher nicht sehr bekannten Reiche Asiens gibt eine geliebte Königin außerordentliche Hoffnung zu einem Thronerben oder, eigentlich zu reden, Hoffnung zu einem außerordentlichen Thronerben. Denn wirklich wuchsen die Hoffnungen gegen das Ende

der Schwangerschaft so stark, daß man sich öffentlich ins Ohr sagte: es würden wohl zwei Kronprinzen auf einmal kommen. – Das Publikum fängt an, mit Meinungen schwanger zu gehen, ebenfalls doppelt und ebenfalls eine schwere Geburt verkündigend. – Politiker mit und ohne Prügel regen sich. – Kleine Vorentscheidungen, ehe der Himmel entschieden hat. – Entscheidung des Himmels. – Bulletin: Gestern abend wurde Ihre Majestät von zwei Kronerben glücklich entbunden, beide vollkommen ausgebildet, schön, gesund und munter, nur am untern Teile des Rückgrats und etwas abwärts zusammengewachsen und gewissermaßen Ein Stück, in allen übrigen Hauptteilen völlig doppelt. Dank, Anbetung und Verehrung für den doppelten Segen! – Geschichte der Entbindung von einem Zuschauer in der Nebenstube. – Sie erblicken das Licht der Welt mit zwei Füßchen einerlei Art, ob zwei rechten oder zwei linken, ist ungewiß. Wendung und Geburt. – Eine Deputation des Magistrats wünscht untertänigst, daß die Mißgeburt zum Wohl des Vaterlandes möchte sanft erstickt werden. – Unsanfte Erstickung der Deputation von Rechts wegen. Tiefsinnige Untersuchung über den Wert des Doppelten in der Welt. – Von Leib und Seele. – Vom doppelten Adler. – Es erscheinen Adressen und Glückwünsche von allen Enden des Königreichs. – Die Dichter sprechen von einem Versuch der Natur, endlich der Welt ein Modell von einem vollkommenen Regenten zu geben. Das Kind heißt bei ihnen bald Castor und Pollux an einem Stück; bald Majorität und Minorität an einem Stück, und einer nennt es sogar den Zweieinigen. – Erziehung bis zur Beinkleiderzeit und Schnitt dieser Beinkleider. Man merkt beim Anprobieren, daß dieses ein wichtiger Artikel in der künftigen Regierung sein werde. – Es wird ein eignes Conseil niedergesetzt, das über die beste Form dieses Anzugs entscheiden soll; besteht aus drei Ärzten, drei Philosophen und drei Schneidern. – Große Uneinigkeit in diesem Conseil, sogar einige Prügeleien. – Cülottisten und Sanscülottisten durch das ganze Reich. – Sieg der ersteren, weil sich mit Recht die Geistlichkeit zu ihnen schlägt. – Der Prinz bekommt Hosen. – Dreitägige öffentliche Ausstellung derselben und Urteile der Welt darüber. Verzeichnis von Schriften darüber, die sich an die 200 belaufen. – Neigungen des Doppelprinzen fangen an zu keimen. Der eine zeigt viel Hang zur Spekulation und einem sitzenden Leben, der andere zum aktiven. – Sonderbare Szenen, die sich daraus schon jetzt ergeben. – Ärzte und Schneider lachen, der Klerus und die Philosophen weinen. – Doppelte Pagen, doppelte Kammerdiener und doppelter Hofmeister. Es will sonst nicht gehen. Hiermit schließt sich der erste Teil. In dem ich zum zweiten Teil übergehen will, sehe ich mit schriftstellerischem Entsetzen aus der Überschrift dieses Artikels, daß ich mich verloren habe, und fürchte fast, daß die Verwünschung, die sie enthält, über mich und meinen doppelten Prinzen von manchem Leser möge ausgesprochen worden sein. Ich bitte um Vergebung; es kam in meinem Eigentum Feuer aus, da dieses nun so ziemlich geborgen ist, so habe ich die Ehre, versprochenermaßen, aufzuwarten.

Alles Folgende sind die eigenen Worte meines in dem zweiten Viertel dieses Jahres (1798) leider! verstorbenen Freundes. Die Anrede ist an mich wie folgt:

Du weißt, mein Teuerster, daß es seit jeher eines meiner Lieblingsgeschäfte in müßigen Stunden gewesen ist, deutsche Nationalflüche und Verwünschungen zu sammeln, um durchaus gelegentlich einige zur endlichen Bestimmung des Nationalcharakters nötiger und noch fehlender Elemente durch Philosophie zu scheiden. So wie Leibniz schon gesagt hat, daß die Menschen sehr viel sinnreicher in ihren Spielereien als in ihren ernsten Geschäften wären, so habe ich auch gefunden, daß, ohne deswegen die Flüche unter die Spielereien zu rechnen, der Mensch sehr viel charakteristischer flucht als betet, vielleicht, weil er meistens aus dunklem Gefühl seines hohen Wertes flucht und verwünscht und aus einem ähnlichen Bewußtsein seines Unwertes und seiner Abhängigkeit betet. Um etwas dieser Art auszufinden, legte ich mich neulich mit meinem Dir bekannten Zettel zu Bette, in der Absicht, etwas dieser Art vor dem Einschlafen auszufinden, was ich am Morgen in meine sogenannte Noctes G ... es (G ... sche Nächte) eintragen könnte. Ich stieß sehr bald auf die in manchen Gegenden Deutschlands sehr bekannte Verwünschung: Daß du auf dem Blocksberge* wärst. Ich weiß nicht, was mich eigentlich bei dieser Zeile zum Stillstand brachte, ich ruhte dabei aus und schlief ein. Sogleich saß ich in einem leichten Wagen mit Vieren und fuhr in einer Nacht bei sternenhellem Himmel frisch zu. Ich kann nicht sagen, daß mir die Fahrt sehr gefallen hätte. Vermutlich hatte sich beim Einschlafen etwas von Walpurgisnacht auf meinen Traumapparat niedergeschlagen, so daß ich mich bei meinem Postillion nicht viel besser befand als Bürgers Lenore gegen das Ende ihrer Reise bei ihrem Dragoner.

Indessen, ich faßte Herz. Schwager, fragte ich, was ist das dort oben? Ist das ein Nordlicht?

Schwager: Wo?

Ich: I! dort oben, sieht er das Licht nicht?

Schw: O! Wissen Sie denn das nicht? Morgen ist Neujahrstag.

Ich: Das weiß ich wohl, aber was hat denn das Nordlicht mit dem Neujahrstage zu tun?

Schw: (lachend) Ich führe doch wohl keinen Emigranten? Sie sprechen gut hochdeutsch.

* So heißt unser Brocken in einem großen Teile von Deutschland und ist unter diesem Namen selbst Kindern, die 100 Meilen von ihm leben, bekannt. Man wünscht oder verwünscht gewöhnlich Dinge dahin, deren man im hohen Grad überdrüssig ist. Die Verwünschung verträgt sich wirklich mehr als eine mit christlicher Liebe; sie tut nämlich dem Affekt Genüge und hebt die Wiederkehr des Verwünschten nicht auf, wodurch sie sich sehr von andern unterscheidet, die man im christlichen Deutschland wenigstens (denn von der deutschen Türkei ist hier noch nicht die Rede) mit einem Anfangsbuchstaben und Punkten druckt. Wer eine sehr merkwürdige neuere Verwünschung auf den Blocksberg lesen will, wird sie im 2ten Hefte des IVten Bandes der neuesten Staatsanzeigen S. 142 finden. Der Verwünscher ist ein rechtschaffener Mann, der Franziskanerpater Guido Schulz.

Ich: (etwas auffahrend) Hanswurst, sei kein Narre, und sage, was Du willst mit Deinem Geschwätze da.
Schw: Dank für Ihr Du. Wissen Sie denn nicht, daß heute große Ausstellung ist?
Ich: Was für eine Ausstellung?
Schw: Auf dem Blocksberge. Das ist der Blocksberg dort mit dem Lichte. Mit Ihrem Nordlichte! Ist denn dort Norden? (Der Kerl hatte recht, das Licht lag gerade in Südosten, und dieses Gefühl von Unrecht gab mir mein Blut wieder.)
Ich: O! sag Er mir kurz und gut, lieber Freund, was Er mir sagen will und am Ende auch sagen wird: Was ist das?
Er: Nun, wenn Sie so befehlen, aber, sagen Sie mir: haben Sie einen armen Schwager nicht zum besten?
Ich: Auf Ehre nicht! nur zu, frei heraus mit der Sprache. Ich verstehe noch zur Zeit von allem nichts.*
Er: Nun gut denn, wenn Sie es so haben wollen. Diese Nacht steht auf dem Blocksberge alles öffentlich aus, was in dem ganzen vergangenen Jahr hinauf ist gewünscht worden. Alles prächtig illuminiert, so helle wie am Tage.
Ich: O! lieber Herzensschwager, da laß uns hin. Das muß ich sehen. Aber ist's nicht schon zu spät?
Er: Das nicht, aber haben Sie eine Frau?
Ich: Was ist denn das nun wieder?

* Es tut dem Herausgeber leid, daß er die Reden des Schwagers nicht in der plattdeutschen Sprache des Originals herzusetzen wagen darf. Die des Plattdeutschen kundigen Leser können sich indessen diesen Verlust leicht ersetzen. Für die übrigen kann man zwar den Sinn der Worte wiedergeben, und das ist hier geschehen, aber die unaussprechliche Naivität dieser Äußerungen, das Kolorit des Sinnes zu empfinden, muß man unter diesen Menschen gelebt haben. Da, wo der gemeine Mann eine von der Sprache der höheren Stände verschiedene Sprache redet, wird es diesen leichter, die Simplizität der Gesinnungen und Bemerkungen von jenen zu empfinden. Wo der gemeine Mann hingegen die Sprache der höhern Welt spricht, ist der Kurs gegen ihn. Mit der Gemeinheit der Sprache geht das Eigentümliche der Empfindung verloren.

Er: O, ich meinte nur, ob Sie verheiratet wären. (Dabei hörte ich sogar, daß er in den Bart lächelte.)
Ich: Ja, ich bin verheiratet. Was nun weiter mit allem dem infamen Zaudern? Ich bin verheiratet.
Er: Lieber Herr, ich meine es gut, das können Sie glauben. Ich habe lange keinen so freundlichen Herrn gefahren.
Ich: Nun gut, heraus mit der Sprache.
Er: I! wenn Sie es so haben wollen. Ich meine nur (hier wieder gefälliges, hörbares Lächeln), es wäre möglich, daß Ihre liebe Frau Sie im vergangenen Jahre auf den Blocksberg gewünscht hätte.
Ich: Und was denn da?
Er: Da würden Sie sich selbst denn dort oben herummarschieren sehen, so wie Sie da in der Kutsche sitzen, gerade so, Tracht und alles, wie im Spiegel; vor so was graut einem.
Ich: (laut lachend) Ehrlicher Teufel. Also das meintest Du? O! wenn es weiter nichts ist, guter Kerl, habe keine Sorge. Gesetzt, ich sähe mich auch da, muß es denn gerade meine Frau sein, die mich dahin gewünscht hat? Das könnten ja andere Leute sein. Ich kenne ihrer eine Menge, die mich auf den Blocksberg wünschen. Das weiß ich und mache mir eine Ehre daraus. Jeder rechtschaffene Mann in dieser Welt zählt ihrer leicht ein Dutzend, eben weil er ein rechtschaffener Mann ist.
Er: Gut, lieber Herr, das weiß ich wohl, aber wenn der Zettel nicht wäre.
Ich: Was ist das für ein Zettel?
Er: I! der Zettel auf dem Rücken.
Ich: Ich bitte Dich ums Himmels willen, sprich fort, wir kommen sonst um die Hochzeit. Was sind denn das für Zettel?
Er: Ein jeder trägt da einen Zettel auf dem Rücken, darauf steht mit feurigen (hier eine Pause), mit feurigen, feurigen Buchstaben geschrieben.
Ich: Was denn?
Er: Von wem man heraufgewünscht worden ist und wie viele Male.

(Hier eine Pause von meiner Seite. In der Tat wurde mir doch hierbei nicht ganz recht zumute. Denn man kann in einer sehr vergnügten Ehe leben und dann doch zuweilen auf den Blocksberg gewünscht werden. Es war mir um die Leute zu tun. Ich dachte nach und erinnerte mich einiger kleinen Vorfälle, dieses merkte der Schwager.)

Er: Schlafen Sie? Sie sind ja so stille?

Ich: Wer wird schlafen, bei einer solchen Reise mit einem so angenehmen Schwager? Aber höre Er. Gesetzt, ich fände nun meine Frau auch da, würde sie mich kennen?

Er: Nein! Als bloßen Passagier und Zuschauer nicht. Die sind unsichtbar für die Verwünschten. Aber die Verwünschten selbst sehen einander. Die bloßen Passagiere sehen alles, ohne gesehen zu werden. Erblicken Sie also Ihre liebe Frau oben, so werden Sie es am besten wissen, was das sagen will. Erblicken Sie sich selbst und Ihre Frau Arm in Arm, so hat dieses nichts zu bedeuten. Das können immer gute Ehen sein. Nur auf den Kopfputz kommt alsdann viel an.

Ich: Ich sehe, der Schwager ist sehr informiert.

Er: O! Ich müßte ein Dummkopf sein, wenn ich es nicht verstände. Ich habe Hunderte hinaufgefahren, auch wieder herunter, wenn sie sich nicht – – Sie verstehen mich wohl.

Ich: Nein, lieber Schwager, ich verstehe es nicht.

Er: O doch.

Ich: Nein, wahrlich nicht.

Er: Ich meine, wenn sie sich nicht droben erhenkt haben.

Ich: Also haben sich wirklich Passagiere droben erhenkt?

Er: O! mehr als einmal.

Ich: Und weswegen denn?

Er: Von wegen des Kopfputzes, von dem ich vorher geredet habe.

Ich: Kopfputz? Gibt es denn einen zum Erhenken?

Er: O ja.

Ich: Was für einen?

Er: Wenn Sie nicht wollen für ungut nehmen – Hörner.
Ich: Kannst Du mich, lieber Schwager, wohl in einer Stunde hinführen?
Er: O! in – in – einer Minute. Ich sehe, Sie wissen nicht, wer Sie fährt. Ich habe meine geheimen Verbindungen hier, bin aber Ihr guter Engel, fürchten Sie nichts.
In diesem Augenblicke fühlte ich mich weit über alles erhoben, was die Welt Chausseen nennt. Ich schwamm, wie an einem Luftballon hängend, sanft dem Nordlicht entgegen. Alles, was noch in mir wog und zog, waren einige schwere Gedanken über die Folgen dieser Aufklärung, über wichtige Punkte des vergangenen sowohl als künftigen Lebens, der ich jetzt entgegenging, und die der Himmel so weislich in Dunkel hüllt. Ich tadelte im Grunde meiner Seele nunmehr meine Verwegenheit, denn mein ganzes Leben zielte gar nicht auf einen solchen Überfall hin. Wer hätte auch so was denken sollen? Nach wenigen Minuten sanken wir auf den kleinen Brocken nieder, mechanisch sanft, aber für mich mit einer Art von elektrischem Stoße aus dem Boden der Weissagung, der durch alle Glieder ging. In diesem Augenblicke war mir der Brokken heilig.
Man kann sich keinen himmlischern Anblick denken, der ganze höhere Gipfel des Brockens, der nunmehr vor uns lag, stand wie im Feuer. Alles noch etwas fern. Mein Postillion, der, wie ich nun deutlich sah, weder die braunschweigische noch die kaiserliche Montur trug, faßte mich bei der Hand, schüttelte sie lächelnd. Ich bin noch immer der alte Schwager im Tale. Sie denken nach; haben Sie keine Sorge, und (setzte er, Gottlob! lächelnd, hinzu) zum Erhenken ist immer Zeit. Nun ging ich mit Mut dem Berge zu.
Himmlischer Anblick überall. Überall wie Juniuslicht an einem heitern Mittage. Aber selbst in der Allee, der wir uns näherten, erschien keine Spur von Schatten. Was ist das? fragte ich meinen Führer, sind das Harztannen? I! mein Himmel, Sie wissen nicht, wo Sie sind, versetzte er, das Licht blendet Sie. Das sind Bäume,

die Deutschland hierhergewünscht hat. In dem Augenblick sah ich, daß es Freiheitsbäume waren, rot, blau und weiß gestreift; oben Bänder von gleicher Farbe. Bravo, meine lieben Landsleute, dachte ich, und nun fing ich an zu verstehen. So viel kommt auf einen guten Wink an. Trotz meines Unterrichts im Tale hielt ich alles hier für ein Paradies und hatte gänzlich vergessen, daß ich mich unter lauter verwünschten Dingen befand. – Der Glanz hatte alle Schuld. An den Bäumen wehten Flaggen mit Zahlen. Was soll die Zahl da? fragte ich meinen Führer. Das ist die Zahl der Verwünschungen, sagte er. Nun dachte ich, willst du doch eine wenigstens behalten. Es war ein herrlich gehobelter und verzierter Baum, oben mit vier Schildern, nach den vier Weltgegenden, mit Inschriften, die ich nicht lesen mochte. Es war mir mehr um die Zahlen zu tun, woraus sich auf die Inschriften schließen ließ. Es war zum Erstaunen: voran stand eine Eins und, dafür stehe ich, hinterher zum allerwenigsten fünf Nullen. Also war dieser Baum wenigstens hunderttausendmal verwünscht worden. Das dachte ich wohl, sagte ich zu mir selbst, so mußte es kommen. Unter den Bäumen spazierten einige Offiziere mit gestickter Uniform, Arm in Arm mit Leuten, die nicht in Uniform waren. Es wurde viel Französisch gesprochen, aber von einigen so schlecht und breit, daß man wohl hören konnte, es waren Deutsche, die es erst in späteren Jahren aus ökonomischer Desperation gelernt hatten. Was ist denn das für ein Trupp dort unter jenen Freiheitstannen, der keine Uniform trägt? fragte ich. Das sind Lieferanten an sich, antwortete mein Führer. Hierbei konnte ich mich kaum des herzlichsten Lachens enthalten, über meine eigne Ideenverbindung, versteht sich. Mir fielen dabei die Dinge an sich der neuen Philosophie ein, und so gewann der Ausdruck im Munde eines Postillions, also eigentlich des Mundstücks zum Mundstücke des Posthorns, ein etwas drolliges Ansehen. Der gute Kerl, der sich meinen Schutzengel nannte, war ganz unschuldig dabei. Er verstand unter Lieferanten an sich eine sehr bekannte Spezies von Lieferanten, die bloß an sich selbst liefern, und dieses Ungeziefer, deutsches und französisches, auf dem Blocksberge zu finden, war nicht unerwartet. Wer würde diese Strichvögel nicht lieber in der Halsschlinge sehen als hier im Freien streichend?

Gleich hinter der Freiheitstanne erblickte ich eine Menge Buden mit Kleidern; alle waren weiß, braun und schwarz. Ich glaubte in Monmouth-Street* in London zu sein. Als ich etwas nähertrat, sah ich aus der Überschrift, daß es lauter Ordenshabite waren, vorzüglich Habite junger Nonnen; ich glaube nicht zu irren, wenn ich die Sammlung auf 5000 schätze. Sie waren systematisch aufgehängt, zwischen ein paar Nonnenkleidern hingen immer einige Mönchshabite. Kapuziner, Franziskaner und die von La Trappe konnte ich deutlich erkennen. Sie schienen sich wie zu umarmen. Jetzt fing ich an, diesen Tag zu preisen, der meine Theorie vom Menschen so sehr bestätigte. Leid tat es mir, als ich in denselben Buden einige protestantische Krägelchen, schwarzen Rock und Mantel und schwarz gebundene Bücher mit vergoldetem Schnitt erblickte. Wie ist das in aller Welt möglich? sagte ich ganz laut. Was möglich! versetzte mein Führer, es ist alles möglich, fort, fort, wir haben keine Zeit. Es wird besser kommen. Das Nächste war ein kaum übersehbares Gehege, worin es von wilden Schweinen, Hirschen, Rehböcken und Hasen wimmelte. In der Mitte glänzte auf einer erhöhten Tafel in feuriger Schrift: *Von den sämtlichen Untertanen.*

Was Henker, fragte ich, haben denn die wilden Schweine in Deutschland Untertanen? – Hier nicht viel gefragt. Sehen Sie, sehen Sie dort die herrlichen Equipagen! Es war zum Entzücken. Zum wenigsten zehn sechsspännige Wagen von einer Leichtigkeit, daß ein Pferd ihrer sechs gezogen hätte, rannten unter Be-

* Eine Straße, worin nicht sowohl vor Alter gestorbene Kleider als vielmehr solche, die die Pest der Mode oft in der Blüte ihrer Jahre hingerafft hat, ihre Auferstehung erwarten, die denn auch nicht ausbleibt; wenn man die Erlaubnis, in den Provinzen und im Auslande zu spuken, Auferstehung nennen kann.

gleitung von menschlichen Renntieren, schön wie Engel, in ihrem Silbergeschirr vorüber. Ich kannte keinen von den Herrn darin, doch glaube ich, vier bis fünf Tonsuren bemerkt zu haben, zwei fuhren rückwärts, und vorwärts saßen Damen. Nonnen waren es nicht. O! da hätte ich die Kehrseite sehen mögen, rief ich. Geschwind, Geschwind! Sehen Sie, da stehts auf den Kutschen hinten, rief mein Führer. Es war nicht zu verkennen. Die Flammenschrift hieß: *Von den sämtlichen Untertanen*. Das haben wir schon einmal gehabt, sagte ich. Nun öffnete sich der Schauplatz immer mehr. Gänge, gedrängt wie die Börse zu Amsterdam um Mittag, zeigten sich zu beiden Seiten. Es war nicht auszukommen, der Geist ermüdete. Ich las bloß einige Aufschriften. Z. B. *Gang der alten Tanten. Gang der Ehemänner.* Allgemeine Rückendevise: *Von der Frau. Promenade der Hofmeister*. Hier erkannte ich zwei oder drei. Ganz voran stand unser lieber N. mit seinem abgespannten Passionsgesichte. Er hatte seinen kleinen Dollond in der Hand und sah gerade nach mir. Ich wollte ihn grüßen, als mir einfiel, daß ich unsichtbar für ihn wäre. Ich sah mich also in der Richtung seines Fernglases um, und siehe, da stand der junge Schurke hinter mir, der gewiß diese gute Seele, zum Dank für ihre weise und väterliche Leitung, tausendmal heraufgewünscht hatte. Ich suchte den Revers des Buben zu gewinnen, um zu sehen, wem er seine Brockenreise zu verdanken hätte. Das Zettelchen glühte ganz fein: *Von seinem ewig treuen Engel, Signora Cassandra, an dem Tage, da Monsieur aufhörte zu zahlen*. Recht so, dachte ich. Vielleicht zielte der kleine Dollond nach dieser Inskription. Indem ich noch diesem infamen Geschöpfe meine tiefste Verachtung durch Freude bezeigen wollte*, stieß mich mein Führer fast etwas unsanft an. Ums Himmels willen erschrecken Sie nicht! – Was,

* Hieraus können manche Leser lernen, was Diktate reiner praktischer Vernunft sind. Ich wußte, daß mich der Kerl nicht sah, und daß ihn meine Freude weder verwunden noch heilen konnte. Dessenungeachtet machte ich das ganze Exerzitium an ihm durch wie an einer Gliederpuppe.

was ist denn? – Sehen Sie denn nicht dort den Herrn? – Wo, wo? I, dort! Sie kennen doch auch wahrlich alle Menschen und sich selbst nicht. – Wie ein Donnerschlag ging es mir durch alle Glieder, nicht was mein Führer sagte (das wußte ich längst), sondern der Anblick von meinem Ich Nicht-Ich, zum ersten Male in der Welt, außerhalb des Spiegels, und mit Bewegungen, die mit den meinigen gar nicht in katoptrischer Harmonia praestabilita standen. Ich stand, wie eine Bildsäule versteinert, da; Ich Nicht-Ich hingegen war sehr munter, schaute umher und schien sehr viel vergnügter als sein Er Nicht-Er. Offenbar mußte etwas zwischen uns sein, was weder Er noch Ich war, und wovon einer von uns etwas wußte. – Es war ein unbeschreiblicher Anblick, Sich selbst so, ohne Sich selbst, gehen zu sehen, wo man bei jedem Tritt der Abbildung zu erblicken fürchtet, was man nicht sieht, wenn man ihn selbst tut. – Aufrichtig zu reden, so gefiel ich mir nicht sonderlich. Ich würde den Hut anders gesetzt, den Stock anders getragen und mich nicht so oft umgesehen haben wie Ich Nicht-Ich. Indes dachte ich: es ist alles sonst so genau und richtig, also vermutlich auch das, was du nicht für so genau hältst. Nun wohlan, sagte ich zu mir selbst, das soll mir der Keim zu einer Theorie des Schauspiels sein.

Dieses war eine kleine Autorregung, ein Intermezzo, das der Kopf der Autoren ihrem Herzen oft zum besten gibt, wenn er etwas Besseres geben könnte oder sollte. Nun kam der Mensch in mir wieder. – Mir gefiel in Wahrheit der Hut mit dem hohen Deckel, den Ich Nicht-Ich trug, nicht so ganz, ob Ich gleich selbst einen solchen aufhatte. Mir fiel der Kopfputz ein. Meine Unruhe und meine Neugierde waren unglaublich. Ich hätte einen Fürstenhut darum gegeben, diesen Filz abheben zu können. Auf einmal begegnete meinem Repräsentanten ein alter guter Freund von uns, den vermutlich seine Haushälterin mit ihrem verlobten Exspektanten hierhergewünscht hatte. Mein Echowesen zog den Hut ab. Gerechter Himmel! Was für ein Anblick! Wenn dir je, teuerster

Leser, an dem zweiten oder dritten Abend deiner ersten Liebe der aufgehende Vollmond durch das Blütengitter deiner Laube in dein begeistertes Auge geblickt hat, so hast du den Vollmond ganz mit dem Wonnegefühl gesehen, mit dem ich durch ein Gedränge von Bändern, Federn und anderen wehenden und nicht wehenden Kopfzierden meinen kahlen Scheitel erblickte. Er war es völlig, so wie ich ihn noch diesen Morgen vor dem Spiegel gesehen hatte; glatt freilich, aber auch ohne alle Spur von jenen kleinen, aber solideren Sprößlingen, die oft der bloße geheime Wunsch des Weibes schon keimen machen soll. Also nicht einmal der Spießer* bist du, dachte ich. Eigentliches Gehörn hatte ich nie gefürchtet. Dieses erfüllte mich mit einem Mute, – O! ich glaube, ich wäre dem Leidigen selbst entgegengegangen.

Ich: Komm, komm, guter Freund, geschwind, sagte ich zu meinem Führer.

Er: Was denn, was wollen Sie denn?

Ich: Ich muß die Inskription lesen.

Er: Was für Inpektion?

Ich: Guter Tropf, ich will wissen, wer mich auf den Blocksberg gewünscht hat.

Er: O, tun Sie das nicht. Es wäre doch wohl möglich.

Ich: Was möglich? Ich fürchte keine Möglichkeit. Komm, komm.

Wir eilten. Ich las den Zettel und lächelte. Es war nichts Neues. Ich erblickte zwei Namen. Der eine war der von einem sonst scheinbar guten Schlucker, der eine entfernte Anwartschaft auf mein Amt hat, der mir immer zum neuen Jahre gratuliert und des Monates wenigstens einmal bei mir speist. Der andere der von einem Bedienten, der nicht mehr allein in den Keller gehen darf. – Ich gratuliere, gratuliere aus Ihrem Gesichte, lieber Herr, sagte mein Führer, indem er mir die Hand drückte. – Auf einmal sah er sich

* Ein junger Hirsch, der das erstemal aufsetzt und daher nur Spieße statt des Gehörnes hat.

um und stutzte – Was – die – schwere – – rief er, indem er meine Hand wegwarf und lief. Ich wußte in der Welt nicht, was dem guten Kerl angekommen war. – Auf einmal löste sich das Rätsel. Ich sah nämlich das Ich Nicht-Ich meines treuen Führers einherschreiten, nicht als Spießer, sondern mit dem vollkommensten Gehörn, das ich in meinem Leben gesehen habe, und von Ast zu Ast glänzte die Inschrift: *Von seiner lieben Ehefrau*. Die Worte galten bloß der Verwünschung, das Gehörne bedurfte keiner Inschrift. Ich muß bekennen, weil der Kerl rüstig, jung und schön war und ich einige Ursache hatte zu glauben, daß *seine liebe Ehefrau* auch hier irgendwo noch in gleichem Putz spuke, so konnte ich mich des herzlichen Lachens nicht enthalten. Nach dem Gehege mit ihm, nach dem Gehege, rief ein Gedränge von Menschen, worunter selbst einige Spießer waren. Meine Bewegung über diesen sonderbaren Vorfall wurde immer heftiger und so – erwachte ich. – – Das, was aber von meinem eigentlichen Ich wieder zuerst recht wieder zu sich kam, war doch wieder der Autor.

Ich dachte an meine neue Theorie vom Schauspiele und fand nun wachend zu meinem nicht geringen Verdruß, daß das alles längst bekannte Sachen waren; längst gedachte und gesagte, wenigstens aber zum ersten Mal lebhaft empfunden. Das ist doch immer etwas wert. Ich kam hierbei auf deinen alten Satz, lieber Freund. Du sagtest einmal bei dem Sprichworte: hierüber muß ich mich beschlafen, es gelte bei verwickelten Angelegenheiten des Lebens, wo es gewöhnlich gebraucht werde, nicht vom Schlaf, sondern vom Wachen im Bette und hauptsächlich dem Erwachen am Morgen; von Gegenständen der schönen Künste hingegen, in mehr eigentlichem Verstande, doch sollte man da lieber sagen: hierüber muß ich mich beträumen. Die größten Dichter und Künstler seien immer Menschen gewesen, die dieses wachend gekonnt und immer in desto höherem Grade, je weniger sie sich auf das obige Beschlafen verstanden hätten. – Schade nur, lieber Freund, daß

Deine Regel den traurigen Umstand mit dem besten gemein hat, daß sie der, der sie versteht und fühlt, nicht nötig hat, und der, der sie nötig hätte, *vice versa* u. s. w.

NACHWORT

Georg Christoph Lichtenberg war ein kleiner, buckliger Mann, unpatriotisch, mit einem erstaunlich unabhängigen Lebenswandel. Schon als Student begann er mit Einträgen in die »Sudelbücher«, »Milchstraßen von Einfällen«, »Pfennigwahrheiten« nannte er sie. Er war Schriftsteller und Gelehrter in einer Person. Sein Hauptwerk sind die Aphorismen – Selbst-Erkenntnisse, Selbst-Versuche, Selbst-Bekenntnisse –, in denen auch die Nachtseite des Lebens, die Ahnungen und Träume zum Ausdruck kommen. Lichtenberg war kein Schwärmer, strebte nicht nach dem fernen Glück des Ideals. Die Skizzen der »Sudelbücher« werden in den Schriften zu ausgeformten Zeichnungen.

Lichtenbergs Wirken war das eines Experimentalphysikers und eines strikten Verfechters der Aufklärung. Als Forscher stand er mit der geistigen Elite Europas in Verbindung, als Schriftsteller notierte er in seinen Sudelbüchern ein Universum an pointierten Gedankensplittern, scharfsinnigen Beobachtungen (»Man muss die Menschen nicht nach ihren Meinungen beurteilen, sondern nach dem, was diese Meinungen aus ihnen machen«) und Sprachspielen. Er war sammelnder Beobachter, wagemutiger Denker, witziger Kopf und Praktiker. Scheinbar belanglose Tatsachen wurden ihm Ausgangspunkte für weiterführende Überlegungen. Dazu kommen Witz, Phantasie und Humor. Unablässiges Nachdenken über den Menschen als gesellschaftliches Wesen kennzeichnet sein gesamtes Werk. Gewissenhaftes Beobachten, das Beobachtete als Besonderes festhalten, Liebe zum einzelnen Phänomen, Misstrauen gegen Systeme zeichnen ihn aus. Sein Hang zu Assoziationen und Vergleichen ist Ausdrucksform seines sinnlichen Denkens, konkreter Phantasie und sprachlicher Gestaltungsfreude. Das Abstrakteste macht er mühelos anschaulich, und seine Sprache ist von Freude am sinnlich Konkreten geprägt. Diese ursprüngliche Sinnenfreude kommt z. B. in dem bizarren Geschehen im »Traum« vom Blocksberg zum Ausdruck.

Das regelmäßige Erscheinen des Göttinger Taschenkalenders führte dazu, dass er eine Fülle populärwissenschaftlicher Aufsätze schrieb, allegorische Erzählungen und Phatasiestücke mit philosophischer oder satirischer Tendenz, kulturkritische Schriften oder auch Stücke wie »Amintors Morgenandacht«, das in einer Zeit stiller Einkehr nach einer schweren Krankheit entstand. Seine fortgesetzten aufklärerischen Bemühungen richteten sich sowohl gegen die Kirche als Einrichtung wie auch gegen die Staatskirche. Die Grenzen des Sichtbaren und der Sprache hebt er mit empirischer Naturforschung und spekulativer Philosophie, Fabulierlaune und metaphorischem Witz, polemischem Esprit und belehrendem Aufklärungsgeist auf und eröffnet neue Welten. »Man muss mit Ideen experimentieren«, schreibt er. Mit Irrtümern Wahrheit machen, dort hindenken, wo keine Gedanken mehr sind, eingefahrene Gleise wissenschaftlicher und philosophischer Erkenntnisbildung korrigieren. Kurt Tucholsky entdeckte bei ihm »französische Klarheit plus englische Groteske plus deutsches Herz«. Sein beobachtender Blick ist immer wieder, ob in England oder zu Hause, auf Menschen gerichtet. Das Schauspiel hat für Lichtenberg aufgrund eigener Beobachtung eine besondere Bedeutung, denn dabei geht es allein um Anschauung der Realität, handelt es sich um Bilder, nicht um Fiktionen. Prüfen bedeutet für ihn, ein kritisches Verhältnis zu den fremden wie zu den eigenen Abstraktionen und Bildern zu halten. Sein kategorischer Imperativ lautet, mit eigenen Augen, also selbständig zu sehen, um deutlich zu sehen, um dadurch erkennen zu können. Mutig, ganz auf

sich gestellt und ohne alle dogmatischen Absicherungen nimmt der von Krankheiten geplagte Mann den gesunden Menschenverstand als einzigen Maßstab. Den Zweifel, den Untersuchungsgeist macht er zum Prinzip, und bei allem Humor, bei aller witzigen Selbstbespöttelung geht er auf der Suche nach Wahrheit bis an den Rand der Verzweiflung.
Wo Lichtenberg »einen Spaß macht, liegt ein Problem verborgen«, beobachtete bereits Goethe, und Günter Grass rät: »Lichtenberg lesen, dessen Prosa kühlt«.

Für seine Zeitgenossen war Georg Christoph Lichtenberg der Verfasser scharfer Satiren. Im 19. Jahrhundert sah man in ihm vor allem den berühmten Erklärer der Hogarthischen Bildersatiren, später dann den Philosophen. Heute kennt man den Lichtenberg der Aphorismen und der Sudelbücher, seine Satiren und Streitschriften, den Physiker dagegen viel weniger. Dabei bestimmte das physikalische Denken des Naturwissenschaftlers wesentlich seine Arbeit und seine Schriften.

Georg Christoph Lichtenberg wurde 1742 in Oberramstadt bei Darmstadt geboren. Er war das 18. Kind eines Superintendenten, die Mutter stammte ebenfalls aus einem Theologenhaus. 1762 geht Lichtenberg nach Göttingen und studiert Mathematik, Physik, zivile und militärische Baukunst, Ästhetik, englische Sprache und Literatur, Staatengeschichte Europas, Diplomatie und Philosophie. Nebenher verdient er sich sein Studium als Hauslehrer, Gelegenheitsdichter und Korrektor.

1766 bis 1774 arbeitet er am Göttinger Oberservatorium. In seiner Funktion als »Hofmeister« für englische Studenten reist er im März 1770 erstmals nach England, um zwei Zöglinge nach Hause zu begleiten. Göttingen zählte zu der Zeit zum Kurfürstentum Hannover, das vom englischen König Georg III. regiert wurde.

Lichtenberg trifft ihn auf der Sternwarte in Richmond und erlebt den »glücklichste[n] Tag meines Lebens«. England blieb sein Paradies, dort schienen ihm die Werte und der Stil des Lebens natürlicher als daheim.

Nach seiner Rückkehr wird er zum Professor für Experimentalphysik, Astronomie und Mathematik ernannt, führt aber zunächst astronomische Arbeiten und damit verbundene Reisen weiter. Im Auftrag des Königs erstellt er geographische Positionsbestimmungen. Auf mehreren großen Bildungsreisen nach England trifft er Schriftsteller, Künstler und Gelehrte und besucht Theatervorstellungen.
Ab 1777 ist Lichtenberg Herausgeber des »Göttinger Taschen Calenders«. 1778 beginnt er seine Hauptvorlesung »Experimentalphysik«. Der Mathematik als einer Disziplin, die keine Täuschungsmöglichkeiten zulässt, gilt seine Vorliebe. Als erster in Deutschland, und noch dazu auf eigene und für ihn recht bedeutende Kosten, schafft er Elektrisiermaschinen für den Hörsaal an; er montiert an sein Haus einen Blitzableiter und läßt an Drähten Ballons und Drachen aufsteigen, um die Schwere der Luft und ihre Elektrizität zu messen; daneben hat er großes Interesse für das Problem des Fliegens.

1782 stirbt seine erste große Liebe, seine »Aufwärterin«, Maria Stechard. 1789, schwer erkrankt, heiratet er ihre Nachfolgerin, Margarete Keller, um sie und die gemeinsamen Kinder abzusichern. 1794 wird er zum Mitglied der Physikalischen Gesellschaft in Jena ernannt. 1799 stirbt Lichtenberg in Göttingen.

ANMERKUNGEN

GNÄDIGSTES SENDSCHREIBEN DER ERDE AN DEN MOND

8 *Epakte* Mondzeiger, d. h. die Tage, um welche das Sonnenjahr länger ist als die zwölf Umläufe des Mondes um die Erde

11 *semestria academica (lat.)* akademische Semester, Einteilung des Lehrjahres an Universitäten

παν δεχόμεναι *(griech.)* alles enthalten sollen

Pandekten (griech.) oder *Digesto (lat.)* Gesetzes-Sammlung Justinians

indigestionen Magenverstimmungen

summum jus... (lat.) etwa: Auf die Spitze getriebenes Recht ist höchstes Unrecht

Quinquennio physiognomico (lat.) im physiognomischen Jahrfünft

14 *Prosopopöien (griech.)* die Einführung einer Sache als redende Person, die erdichtete Rede einer abwesenden Person als rednerischer Brauch

16 *Liscow,* Christian Ludwig, 1701 bis 1760, deutscher Schriftsteller, Satiriker. Noch heute lesbar: ›Vortrefflichkeit und Notwendigkeit der elenden Scribenten‹. Einigemal von Lichtenberg in den Sudelbüchern zitiert

HERRN ZIEHENS WEISSAGUNGEN

18 Ziehen, Conrad Siegmund Ziehen, 1727 bis 1780, Lehrer in Hannover, dann nacheinander Feldprediger im hannoverschen Garderegiment, Kaplan an der Hofkirche, Superintendent in Münden und Hauptprediger zu Zellerfeld (Harz)

19 *Auszug... gedruckt,* ›Nachricht von einer bevorstehenden großen Revolution der Erde, die insonderheit das südliche Europa und einen Teil Deutschlands treffen und mit Ende des Septembermonats anfangen wird. Im Auszuge herausgegeben. Mit einem Anhang über das Buch Chevilla‹, Frankfurt und Leibzig 1780, 48 Seiten. Das eigentliche Werk nach des Verfassers Tod als: ›Anzeige eines bevorstehenden außerordent-

lichen Erdfalls und erklärende Theorie desselben. Nebst einem Anhange‹ Frankfurt und Leibzig 1786 (Ziehens Schriften, Erster Band; mehr ist jedoch nicht erschienen)

19 *Astronom Kindermann*, Eberhard, Christian, 1616 bis 1706, er schrieb ›Reise in Gedanken durch die eröffneten allgemeinen Himmelskugeln, auf welchen alle von Gott erschaffenen Weltkörper, sowohl deren Namen, Natur und Eigenschaften nach, ganz genau betrachtet, als auch, wie alle diese Körper in Kometen, und endlich in ein Nichts verwandelt werden, imgleichen auf was vor Art eines jeden, und besonders unser jüngster Tag, dereinsten erfolget, gründlich gehandelt wird von Einem Christlichen Künstler, *Kinder! man* nennt sich zur Vermeidung eitler Ehre nicht gerne. Rudolstadt 1739. 8. mit Kupfern.‹
In einer neuen, 1744 ebendort unter dem Titel: ›Vollständige Astronomie‹ ebenfalls mit Kupfern erschienenen Ausgabe dieses Werks trägt das Kapitel XVIII die Überschrift: ›Von denen Fix-Sternen gegen Norden; wie es komme, daß die in denen Nordlichen Creyssen befindlichen Fix-Gestirne mehr funkeln als andere? – imgleichen, ob man kein Instrument durch die Kunst anfertigen könne, wodurch man alle diese so weit entlegenen Fix-Gestirne, so uns gar nicht aufgehen, dennoch unsern Augen sichtbar machen kann, und ob man durch ein solches Instrument alles auf der anderen Seite der Kugel befindliche sehen und wahrnehmen könne? wie ein solches Instrument wohl aussiehet und beschaffen sein müsse? wie auch, worinnen der Nutzen desselben bestehe, und was man vor Wunderdinge dadurch eröffnen kann? Ferner, ob es möglich ist, daß man mit einem solchen Wunderinstrumente auch die See besehen könnte? wobei endlich die Möglichkeit, wie ein solches mathematisches und optisches Seh-Rohr verfertigt werden kann, und wie es von außen und innen figurirt und beschaffen sein muß, deutlich gewiesen wird.‹

23 *Ambe (lat.-dtsch.)* die Kombination zweier Zahlen, besonders in der Lotterie

23 *Schröpfer*, Johann Georg, berüchtigter Betrüger und Hochstapler, trat unter dem Namen Baron von Steinach auf und erschoß sich 1774 in Leipzig

25 *Wekherlin*, Wilhelm Ludwig, 1739 bis 1792, süddeutscher Publizist und Aufklärer von außerordentlicher Popularität, 1787 wegen Beleidigung der Obrigkeit verhaftet, 1792 auf Anstiften politischer Gegner vom Mob mißhandelt und wenige Tage später gestorben; Herausgeber der Zeitschriften ›Chronologen‹ und ›Das graue Ungeheuer‹ sowie der ›Ansbachischen Blätter‹.

Defensionsschrift (lat.-dtsch.) Verteidigungsschrift

Buffon, George Louis Leclerc Comte de, 1707 bis 1788, Schriftsteller der französischen Aufklärung, Botaniker und Zoologe; entwarf eine Erdgeschichte und verfaßte eine 36bändige ›Allgemeine und spezielle Naturgeschichte‹, 1749 bis 1788

26 *Indolenz (lat.)* Dumpfheit, geistige Trägheit

Spagyrisches (griech.) ›Kunst des Trennens und Vereinens‹, Alchimie

27 *Präzipitation (lat.)* Hast, Übereilung; in der Chemie das Ausfällen oder der Niederschlag von Substanzen

Kraus, Verleger oder Händler solcher Bücher

29 *Halley,* Edmond, 1656 bis 1742, Mathematiker und Astronom, Direktor der Sternwarte Greenwich, verfeinerte die Berechnungsmethoden zur Bestimmung der Planetenbahnen, berechnete 1759 die Wiederkunft des nach ihm benannten Kometen; bahnbrechende Entwicklungen auf vielen Gebieten der Naturwissenschaft gehen auf ihn zurück

Dörfel, Georg Samuel, 1643 bis 1688, Astronom und Geistlicher. In seiner Schrift ›Astronomische Beobachtung des großen Kometen 1680 bis 1681‹ führte er auf Grund seiner Beobachtungen den Nachweis, daß dieser Komet sich in einer parabolischen Bahn um die Sonne bewegt

perpetuum mobile (lat.) ›Immerbewegliches‹; die Vorstellung von einer Maschine, die sich ohne ständige Energiezufuhr immer weiter bewegt, gehört infolge der Reibungsverluste ins Reich der Utopie, beschäftigte aber Erfinder in den Kindertagen der Naturwissenschaften immer wieder

30 *herzoglichmichelschen Ideen,* nach dem Lustspiel ›Herzog Michel‹ von Johann Christian Krüger, 1723 bis 1750. Verfaßte auch: ›Die Geistlichen auf dem Lande‹

31 *Hobbes,* Thomas, 1588 bis 1679, englischer materialistischer Philosoph; seine Weltanschauung beruhte auf einer mathematisch-mechanistischen Methode, die er auch auf seine Staatslehre anwandte. Durch seine den Absolutismus begünstigende Staatslehre wurde er berühmt: der Naturzustand sei der Krieg aller gegen alle; dieser werde durch den Zusammenschluß im Staat überwunden. Hauptwerke: ›Grundzüge der Philosophie‹, ›Leviathan‹

32 *Ristretto (ital.)* kurzer Auszug, hier Titel eines in Frankfurt erschienenen Journals ›Frankfurter Staats-Ristretto‹

Möser, Justus, 1720 bis 1794, Staatsmann, Publizist und Historiker, übte starken Einfluß auf Herder und Goethe aus. Schriften: ›Vom Tod fürs Vaterland‹, ›Fragmente der ältesten Begebenheiten des menschlichen Gechlechts (1766), ›Patriotische Phantasien‹ (von seiner Tochter herausgegeben). Möser wandte sich gegen Zwergstaaterei, höfischen Absolutismus und Leibeigenschaft

AMINTORS MORGENANDACHT

34 *Spinozismus,* nach dem jüdischen PhilosophenBaruch de Spinoza (1632 bis 1677); setzte Gott der Natur gleich: Pan-theist
physico-theologische Betrachtung, unter den Gottesbeweisen jener, der aus der Zweckmäßigkeit der Natur auf einen zweckmäßig schaffenden Gott schloß

VORSCHLAG ZU EINEM ORBIS PICTUS

38 *Orbis pictus* (Erdkreis in Bildern) nannte sich ein weitverbreitetes Jugend- und Schulbuch des Pädagogen Amos Comenius (1592 bis 1670). Es erschien 1658 und war noch zu Beginn des 19. Jahrhunderts in Gebrauch
40 *Laudes temporis acti (lat.)* Lob der Vergangenheit
Vox populi, vox Dei (lat.) Volkes Stimme, Gottes Stimme
Gradus at Parnassum (lat.) Schritt zum Parnaß, im Sinne von Anleitung zur Dichtkunst
Logodädalie (griech.) Wortkünstelei
41 *Sternische Kunst,* Lawrence Sterne (Pseudonym Yorick), 1713 bis 1768, englischer Schriftsteller der bürgerlichen Empfindsamkeit; verfaßte den neunbändigen Roman ›Tristram Shandy‹ und ›Eine empfindsame Reise durch Frankreich und Italien‹
Kothurn und Soccus, Tragische und komische Poesie. Auf dem griechischen Theater wurde in Tragödien der Kothurn, d. h. der hohe Stelzenschuh, getragen, in Komödien der Soccus, d. h. der niedere Schuh
quod natura … (lat.) was die Natur alle Geschöpfe gelehrt hat
42 *Siegwart,* ›Siegwart. Eine Klostergeschichte‹ und ›Aus Briefen zwei Liebenden‹ (beide 1776) waren erfolgreiche Romane in der Werthernachfolge von Johann Martin Miller, einem aus Ulm stammenden Dichter des Göttinger Hainbundes (1750 bis 1814). Mit diesen beiden Romanen begab er sich auf den Pfad des seichten, tränenseligen Unterhaltungsromans und wurde aus einem kämpferischen Verfechter bürger-

licher Ideale zum Verteidiger des Bestehenden. Miller starb als Professor der Theologie und Domprediger zu Ulm

43 *Voltaire,* François-Marie Arouet de, 1694 bis 1778, einflußreichster französischer Schriftsteller des 18. Jahrhunderts, Philosoph und Historiker; lebte von 1750 bis 1752 am Hof Friedrichs des Großen. In seinen Epen, Dramen, Romanen und Erzählungen kämpfte er gegen Aberglauben und Kirche, feudale Unterdrückung und geistige Bevormundung

Pope, Alexander, 1688 bis 1744, englischer klassizistischer Dichter, Verfasser des komischen Epos ›Der Raub der Locke‹ (1714) und Homer übersetzer

Wieland, Christoph Martin, 1733 bis 1813, einflußreichster und fruchtbarster Dichter der deutschen Aufklärung, Verfasser bedeutender Epen, Verserzählungen, Romane und Übersetzungen. Lesenswert vor allem der Bildungsroman ›Agathon‹ und die Schildbürgersatire ›Die Abderiten‹. Übersetzte Shakespeare, Horaz, Lukian, Aristophanes, Xenophon, Euripides, Cicero

Milton, John, 1608 bis 1674, englischer Dichter, Vertreter des bürgerlichen Puritanismus, setzte sich in seinen Prosaschriften für Pressefreiheit, Volkssouveränität und die republikanische Staatsform ein. Sein berühmtes Epos »Paradise lost« ist eine verklärende Darstellung des Christentums

Euler, Leonhard, 1707 bis 1783, bedeutender schweizerischer Mathematiker, wirkte in Petersburg und Berlin. Verfaßte über 950 mathematische, astronomische und physikalische Abhandlungen

Mayer, Christian, 1719 bis 1783, Jesuitenpater, Professor der Mathematik in Heidelberg und kurpfälzischer Hofastronom

Beattie, James, 1735 bis 1803, Professor der Moralphilosophie in Aberdeen, Schottland, und Dichter, verfaßte das Epos ›Der Sänger‹, das vom Einfluß der Natur auf die Entwicklung des Dichters handelt, sowie einen ›Essay über die Natur und die Unveränderlichkeit der Wahrheit im Gegensatz zu Sophisterei und Skeptizismus‹, der auf der Philosophie des ›Gesunden Menschenverstandes‹ der schottischen Schule des Thomas Reid fußt und sich gegen den Philosophen Hume wendet

45 *apperzipieren (lat.-dtsch.)* gewahr werden, geistig sich aneignen

46 *difficile est … (lat.)* schwer ist es, Gewöhnliches in origineller Weise auszudrücken (Horaz, Ars poetica, Vers 128)

48 *Ossian,* legenderer keltischer (altgälischer) Sänger, der einen erheblichen Einfluß auf Empfindsamkeit und Sturm und Drang ausübte. In

Wirklichkeit eine Mystifikation des schottischen Dichter James Mcpherson (1736 bis 1796), der seine Werke als Übersetzung aus dem Gälischen ausgab.

Hübner, Johann, 1668 bis 1731, deutscher Pädagoge und Schriftsteller, Rektor in Merseburg und Hamburg, Verfasser von bahnbrechenden Büchern über Geographie und Geschichte und Reformer des Religionsunterrichts; hier möglicherweise auch sein gleichnamiger Sohn (gest. 1753) gemeint, der ebenfalls Schulbücher verfaßte

Politischer Redner, Schrift (1679) von Christian Weise, dem Verfasser zahlreicher Lehrbücher der Rhetorik (1642 bis 1708) sowie von Komödien, Schuldramen, Schwänken und Lyrik

Fielding, Henry, 1707 bis 1754, bedeutender realistischer Erzähler Englands; ›Joseph Andrews‹ und ›Tom Jones‹ gehören zur Weltliteratur

Was taten Fielding und Shakespeare, hier irrt Lichtenberg. Beide begannen ihre dichterische Laufbahn sehr früh, wenn auch ihre Meisterwerke erst in späteren Jahren entstanden

50 *Pompejus,* Gnaeus, 106 bis 48 v. Chr., römischer Feldherr und Konsul, im Kampf gegen Caesar ermordet

Fieldings Partridge, der Schulmeister im ›Tom Jones‹

51 *says I... says he (engl.)* sage ich (umgangssprachlich statt ›I say‹) ... sagt er. Auf den folgenden Seiten zitiert Lichtenberg zahlreiche volkstümliche Verballhornungen und Verdrehungen. Ähnliche Passagen in den Sudelbüchern beweisen, daß L. auch der Begriff der ›Freudschen Fehlleistung‹ schon bewußt ist

Suffixis (lat.) den Wortendungen, Nachsilben

52 *Don Quixote* (Don Quijote), Parodie auf die Ritterromane von Miguel de Cervantes Saavedra (1547 bis 1616). Cervantes' Parodie wurde im 18. Jahrhundert von zahlreichen Autoren wiederum parodiert, so von Fielding und Wieland

53 *Garrick,* David, 1716 bis 1779, britischer Schauspieler und Theaterdirektor; gerühmt werden seine natürliche Spielweise, in der weniger der einzelne Schauspieler als das Ensemble gefördert werden, und seine menschlich ergreifende Art in der Darstellung von Shakespeare-Gestalten. Garrick verkehrte in den höchsten Gesellschaftsschichten

Lewis, William Thomas, 1748 (?) bis 1811, britischer Schauspieler Waliser Abkunft, seit 1773 am Covent-Garden-Theater, dessen stellvertretender Direktor er 1782 wurde.

Covent Garden, ehemaliger Klostergarten, Stadtviertel im alten Teil Londons, noch heute Sitz der meisten Theater. Im 18. Jahrhundert gab es zwei bedeutende Theater, das in Covent Garden und das in Drury Lane nahebei. Die Oper befand sich in Haymarket

The Beaux' Stratagem (›Stutzerlist‹), Komödie von Farquhar, aufgeführt 1707. Archer und Aimwell sind in dieser Komödie zwei Freunde auf der Suche nach Abenteuern. Archer spielt den Diener Aimwells

Rule a Wife and Have a Wife (etwa: ›Wer ein Weib haben will, muß es beherrschen‹). Komödie von John Fletcher, aufgeführt zuerst 1624. Margarita, eine reiche Erbin in Sevilla, möchte einen Tölpel heiraten, der ihre Untreue nicht merkt. Leon stellt sich dumm, zeigt aber nach der Hochzeit seinen wahren Charakter und bringt sie durch Stärke und List auf seine Seite.

Cross Purposes (etwa: ›Zuwiderlaufende Absichten‹), Lustspiel von Obreen, aufgeführt 1772

ob dieses Stück auf das deutsche Theater: ›Rule a Wife and Have a Wife‹ wurde 1774 unter dem Titel ›Der beste Mann‹ in Hamburg aufgeführt

55 *submiß (lat.-dtsch.)* untertänig, ergeben

57 *Sancho Pansa*, Diener des Don Quijote

Falstaff, fetter, witziger Ritter in Shakespeares ›König Heinrich IV.‹

Pastor Adams, eine bürgerliche Karikatur des ›Don Quijote‹ in Fieldings Roman ›Joseph Andrews›

Parson (engl.) Pfarrer

Vicar von Wakefield, Roman von Oliver Goldsmith, 1730 bis 1774, handelt ebenfalls vom Leben eines Landpfarrers und seiner Familie

Jolly Dogs (engl.) etwa ›fidele Patrone‹

Engel, Johann Jacob, 1741 bis 1802, Professor am Joachimstaler Gymnasium in Berlin, Schriftsteller, Ästhetiker und Kritiker. 1787 übernahm er die Direktion des Berliner Theaters

Marinell(i), Florimell und ihr Ritter Marinell, das ideale Liebespaar in Spensers ›Feenkönigin‹

59 ›*Fündling*‹, gemeint ist ›Tom Jones‹

60 *Paradigma (griech.)* Vorbild, grammatisches Beispiel in der Deklination und Konjugation

61 *Montgolfier*, die französischen Industriellen Joseph M., 1740 bis 1810, und Etienne M., 1745 bis 1799, ließen als erste Heißluftballons steigen, die als Luftschiffe verwendbar waren

62 *aisches Ding*, häßliches Ding

63 *Ma Sœur (franz.)* meine Schwester

65 *nominibus, verbis, adverbiis (lat.)* mit Haupt-, Zeit- und Umstandswörtern

64 *Vous (franz.)* Ihr, Sie
You (engl.) Ihr, Sie, heute auch in der Bedeutung ›du‹

HERUMSTREICHENDE KOMÖDIANTINNEN

(Aus Lichtenbergs: ›Ausführliche Erklärung der Hogarthischen Kupferstiche‹)

67 *l'Hombre*, aus Spanien kommendes Kartenspiel
Ceres, römische Fruchtbarkeitsgöttin

68 *Mamsell d'Eon*, 1728 bis 1810, war – was Lichtenberg nicht wußte – in Wirklichkeit ein Mann, Diplomat unter Ludwig XV., der gern in Frauenkleidern auftrat

72 *impavidum … (lat.)* Zitat aus den Oden des Horaz; lautet vollständig: ›Wenn der Erdkreis zerschmettert zusammenstürzt, werden die Trümmer einen Furchtlosen treffen‹

73 *velut inter ignes … (lat.)* wie der Mond zwischen den kleineren Gestirnen

75 *Aktäon*, belauschte Diana im Bade, wurde in einen Hirsch verwandelt und von seinen Hunden zerfleischt
Ireland, John veröffentlichte 1791 in London zwei Bände ›Hogarth, illustriert‹ mit Kupfern und Erläuterungen
katoptrisch, spiegelnd
dioptrisch, durchsichtig

77 *Ara*, Altar, Opfertisch
regionem hypogastricam (lat.) Unterleib

78 *Trusler*, John, englischer Geistlicher, gab 1768 in London einen ›Hogarth moralised‹ heraus. Lichtenberg nannte diese verniedlichte Fassung ›ver-kuhbacht‹ nach Kuhbach, dem Verfasser von Gebets- und Erbauungsbüchern
Jupiter pluvius, der regenspendende Jupiter

78 *Numen (lat.)* das Göttliche

79 *Desinit … (lat.)* Zitat aus Horaz ›Ars poetica‹: ›Er läßt in einen Fisch die oben wohlgeformte Frau sich enden‹
épineuse (franz.) kitzlig
Butler, Samuel, 1612 bis 1680, engl. Satiriker

82 *amour à la Grenadière (franz.)* Liebe auf Soldatenart

83 *Nichols*, Buchdrucker und Buchhändler in London, welcher im Jahre 1785 ›Biographische Anekdoten‹ über Hogarth herausgab

85 *Aiche*, Stempel vom Eichamt über die Richtigkeit der verwendeten Maße und Gewichte

Circenses (lat.) öffentliche Lustbarkeiten
86 *Cochonnerie (franz.)* Unsauberkeit, Schweinerei
Mare pacificum (lat.) Meer des Friedens
Senatus ... (lat.) Der Senat und das Volk von Rom
87 *Triptolemus*, der Geliebte der Ceres
Ödipus, griechischer Königssohn, dem vorausgesagt wurde, daß er seinen Vater töten und seine Mutter heiraten werde (Sagenfigur)
Jokasta (Jocaste) Mutter und Gattin des Ödipus
88 *Lee*, Nathanael, 1650 bis 1692, englischer Dramatiker der Barockzeit
89 *damn ye (engl.)* seid verdammt!
Riepenhausen, Ernst Ludwig, 1765 bis 1840, Kupferstecher in Göttingen; gravierte Hogarths Stiche nach – die Verkleinerungen davon dienten für die Erläuterungen Lichtenbergs
90 *Hermeneutik*, das Geschick, einem Kunstwerk einen Sinn zu unterlegen
Bonsens (franz.) der gesunde Menschenverstand

HANDEL MIT HEILIGEN GROSSEN ZEHEN IN ITALIEN

91 *Hamilton*, William, 1730 bis 1803, englischer Naturwissenschaftler (Abhandlungen über Erdbeben und Vulkanismus), Altertumsforscher und Diplomat (Gesandter in Neapel)
Priap (lat.) männliches Glied, Gott der Gärten und der Fruchtbarkeit
Priapeja, Frühlingfest im Sinne von Orgien

HUPAZOLI UND CORNARO

110 *Jöcher*, Jöchers ›Gelehrten Lexikon‹
Cornaro, 1462 bis 1566, veröffentlichte ›Abhandlungen über das mäßige Leben‹
111 *Mare mortuum (lat.)* das Tote Meer
ut apes Geometriam (lat.) so, wie die Bienen die Geometrie

DAS LUFTBAD

113 *Insolation*, Bestrahlung durch die Sonne
Aprication, Aufenthalt im Sonnenschein
Dr. Graham, erregte 1780 mit seinem himmlischen Bett, das ihn mit

dem dazugehörigen Apparat 16000 Pfund Sterling gekostet haben soll, großes Aufsehen. Sein Haus nannte er den ›Tempel der Gesundheit‹, in dem er als Oberpriester dieser Gottheit fungierte. Allenthalben in diesem Tempel herrschte die größte Pracht. Für den Preis einer Guinee verkaufte er gedruckte Lebensregeln, für eine Guinee eine Flasche Lebensbalsam. In dem Allerheiligsten stand das himmlische Bett; bis zu diesem wonnereichen Orte zu dringen kostete 50 Pfund Sterling

114 *Materia medica (lat.)* im medizinischen Fache

Mesmer, Franz Anton, 1733 bis 1815; Arzt, Erfinder der Heilung durch Magnetismus

116 *Franklin*, Benjamin, 1706 bis 1790, amerikanischer Physiker (Blitzableiter) und Staatsmann (siehe Band 1 ›Das Studium des Menschen‹, 112)

Monboddo, Jacob Burnett, 1714 bis 1799, Richter in Edinburgh

Elsevir, holländische Buchdruckerfamilie

Johnson, Samuel, 1709 bis 1784, englischer Schriftsteller, berühmt durch seine Gespräche mit Boswell. Lichtenberg bezeichnete ihn als ›schwer gelehrten Bären‹

117 *Abernethy*, John, 1763 bis 1831, englischer Arzt

dephlogistieren, Ausscheiden des Sauerstoffes

Cronegk, Johann Friedrich v., 1731 bis 1758, deutscher Dichter, Verfasser der Tragödie ›Codrus‹

118 *Dr. Faust*, Bernhard Christoph, 1755 bis 1812, Leibarzt in Bückeburg

STREIT ÜBER EINEN SITZ IN DER KIRCHE: KEINEN BISCHÖFLICHEN

120 *Heldengedicht*, ›Le Lutrin‹

121 *Whiteboys*, eine Verbrecherbande, deren Mitglieder weiße Hemden über der Kleidung trugen

123 *Bethesda*, Teich der Barmherzigkeit, dessen Wasser denjenigen heilte, der zuerst in ihm badete, sobald er von einem Engel bewegt worden war (Evangelium Johannis, 5. Kap.)

DASS DU AUF DEM BLOCKSBERGE WÄRST

124 *Bedlam für Erfinder*, ein Beitrag Lichtenbergs im Göttinger Taschenkalender 1792

125 *doppelter Prinz,* Lichtenberg plante einen Roman, worin ein doppelter Prinz die Hauptperson sein sollte. Dieser Plan ist nicht ausgeführt worden. Im Nachlaß fanden sich nur aphoristische Bemerkungen dazu

129 *Schwager,* meint hier keinen Verwandtschaftsgrad, sondern die damals für Kutscher und Postillione übliche Anrede

136 *Dollond,* Fernglas

137 *katoptrische Harmonia praestabilita (lat.)* aus dem Spiegel bekannte Harmonie der Erscheinung

140 *vice versa (lat.)* und umgekehrt

Lizenzausgabe für die Edition Büchergilde, Frankfurt am Main
Mit freundlicher Genehmigung der Büchergilde Gutenberg,
Frankfurt am Main, Wien und Zürich

Gestaltung und Herstellung: Katrin Jacobsen, Frankfurt am Main
Satz: Fotosatz Amann, Aichstetten
Gesetzt in der Aldus 11 auf 14,5 Pkt
Lithoarbeiten: RGD, Langen
Druck und Bindung: Memminger MedienCentrum, Memmingen
Printed in Germany 2006
ISBN 3-936428-58-1

www.buechergilde.de